Das Montessori-Elternbuch

Ulrich Steenberg

Das Montessori-Elternbuch

HERDER

FREIBURG · BASEL · WIEN

Umschlagabbildung: Fotolia_89379131 – © jrn Buchheim
Cartoons im Innenteil: © Renate Alf, Weimar
Layout und Satz: Claudia Wild, Konstanz
Covergestaltung: Uwe Stohrer, Freiburg

Herstellung: Graspo CZ, Zlín
Printed in the Czech Republic

ISBN Print 978-3-451-38063-1
ISBN E-Book 978-3-451-80623-0

INHALT

Vorwort 7

Zur Einstimmung 8

Die „vier Wahrheiten" 12

Entwicklungsphasen – und was Eltern darüber wissen sollten . . . 22

Kinder nutzen ihre Zeit: Sensible Phasen 63

Freiheit braucht Verantwortung: Der Montessori-Weg 82

Montessori-Praxis und Familienalltag –
    Was Eltern für ihr Kind tun können 99

Das beste pädagogische Angebot für Ihr Kind 123

Aktueller denn je 160

Maria Montessori – ein Leben für Kinder 162

Anhang 165

VORWORT

Herzlich willkommen!

Es freut mich sehr, dass Sie „Das Montessori-Elternbuch" in die Hand genommen haben.

Ich habe es für Sie als Eltern oder Großeltern geschrieben – aber auch für „Profis" in pädagogischen Berufen.

Und es ist ein sehr persönliches Buch.

Als Montessori-Pädagoge habe ich den Montessori-Ansatz wirklich einmal mit Blick auf Eltern und Familie durchbuchstabieren wollen.

Und die Geschichten – sie kommen aus unserem Beziehungs- und Familienalltag. Sie sollen manchen so anspruchsvoll klingenden Montessori-Gedanken einfach „erden".

Und schmunzeln bei all dem – das sollen Sie auch: Renate Alf ist eine bekannte Cartoonistin. Aus ihrem großen Fundus durfte ich wählen. Danke!

Diese Kombination aus (durchaus auch anspruchsvollem) Sachbuch, Geschichtenbuch und „Bilder-Buch" ist ziemlich einzigartig. Der Verlag Herder macht das – engagiert und kompetent!

Jetzt bin ich gespannt. Ich wünsche Ihnen eine informative, aber immer auch entspannte Lesereise.

Ihr
Ulrich Steenberg

ZUR EINSTIMMUNG

Das Beste für unser Kind!
Wunschkinder – Elternwünsche

Eltern heute – sie wollen alles für ihr Kind tun.

Die langen Schulzeiten, die intensive Phase der Berufsausbildung oder des Studiums, die Selbsterprobungs- und Bindungsphase in der Partnerbeziehung – all dies lässt heute die Eltern älter, den Kinderwunsch bewusster und die Suche nach tragfähigen Erziehungs- und Bildungskonzepten, die auch familientauglich sind, immer nachdrücklicher werden.

„Ich habe schon das Prager Eltern-Kind-Programm (PEKIP) studiert, Babymassage gelernt, mich über den Musikgarten für mein Kind informiert – jetzt gründen wir vielleicht bald eine Montessori-Familiengruppe."

Frühförderung? Auf meine etwas bösartige Frage, was sie ihrem Kind denn noch Gutes antun wollten, erfuhr ich allen Ernstes, dass sie sich schon Baby-Yoga angeschaut habe und nun über eine „early English play group" nachdenke, für später.

Manche Eltern diskutieren schon vor der Entbindung darüber, welche pädagogische Einrichtung für sie und ihr Kind wohl die beste sei. Und tatsächlich haben sie ein Recht darauf, das Beste für ihr Kind zu erkunden und zu fordern.

Genau so war es auch bei uns.

Von Montessori-Pädagogik hatten wir noch nicht viel gehört. Aber wir hatten eine Vorstellung davon, wie ein guter Kindergarten und erst recht eine gute Schule zu sein hatte.

Und dann haben wir uns „schlau gemacht". Allerdings war unsere Ausgangslage nicht so gut wie heute. Es gab nur wenige Montessori-Kinderhäuser und erst recht nur wenige Schulen.

Eltern auf der Suche nach dem besten pädagogischen Angebot haben es da heute leichter.

Klar ist aber: Es geht immer um eine einzigartige Eltern-Kind-Beziehung. Denn Ihre Situation ist, nimmt man es genau, einmalig in der Geschichte, unwiederholbar. Was für eine Chance!

Beziehung

So möchte ich Ihnen – bevor wir uns mit vielen Beispielen und praktischen Hinweisen über „Montessori für Eltern" Gedanken machen – einige Fragen anbieten. Ihre persönliche Antwort darauf könnte ein ganz persönlicher Schlüssel zu diesem Buch sein. Es geht eben nicht nur um eine Erfolgsmethode – es geht um eine gute, gelingende Beziehung zwischen allen Beteiligten. Denn das ist die Basis für eine gelingende Entwicklung Ihres Kindes.

Einige Fragen an Eltern

1. Was unterscheidet Ihrer Meinung nach ein Kind von einem Erwachsenen?
2. Ist Ihrer Meinung nach ein Kind schon ein „richtiger" Mensch? Oder fehlt ihm dazu noch etwas?
3. Haben Sie eine Vorstellung davon, was und wie Ihr Kind einmal werden soll?
4. Was darf im Leben Ihres Kindes auf gar keinen Fall passieren?
5. Meinen Sie, dass es eine „typische" Vaterrolle und eine „typische" Mutterrolle gibt oder geben sollte?
6. Meinen Sie, dass es ganz allgemein für Kinder „das" richtige pädagogische Konzept gibt?
7. Sind Sie der Auffassung, dass Eltern alles unternehmen müssen, um ihr Kind maximal und optimal zu fördern?
8. Sind Sie der Meinung, dass Ihre eigenen Eltern (und die vorige Generation allgemein) die gleichen Antworten geben würden wie Sie heute? Wo liegen wesentliche Unterschiede?
9. Glauben Sie, dass unterschiedliche Vorstellungen von Kindererziehung eine Partnerschaft in die Krise bringen können?
10. Wissen Sie, wer Ihnen (ohne dabei eigene Interessen zu verfolgen) in Alltagsfragen der Erziehung glaubwürdig weiterhelfen kann?

„Milch und Liebe" – Wie Eltern ihrem Kind begegnen sollten

Maria Montessori ist eine Meisterin zugespitzter Formulierungen. Auf die Frage, was Kinder eigentlich brauchten, soll sie gesagt haben:

„Alles was die Kinder brauchen, ist Milch und Liebe."

Und – ebenfalls typisch für sie: Sie wechselt aus Überzeugung die Perspektive, wenn sie mit Blick auf ihre Lebenserfahrungen feststellt:

„Die Quelle der Liebe (ist das) Kind!"

(vgl. Montessori 2011: 187f).

„Milch" meint, dass alle leiblichen, und „Liebe" bedeutet, dass alle seelischen Bedürfnisse des kleinen Menschen befriedigt werden müssen.

Man könnte sagen: Maria Montessori, diese geniale Medizinerin und Pädagogin, hat ihr ganzes Leben lang nichts anderes getan, als herauszufinden, was denn zu tun (und zu lassen) sei, damit man eben dieser Forderung gerecht werden könne.

Das Wichtigste dabei, so betont Montessori immer wieder, sei nicht mit Geld zu kaufen und auch nicht durch Aktionen und Aktivitäten zu vermitteln. Entscheidend ist vielmehr die innere Einstellung zum Kind, die Haltung der Eltern ihrem Kind gegenüber. „Ist doch klar", werden viele sagen, „ich liebe mein Kind, das sagt doch alles – spürt man das nicht?" Und selbstverständlich ist das auf seine Weise auch vollkommen richtig.

lieben –
wahrnehmen

Warum hat dann aber ein anderer großer Mediziner und Pädagoge, der polnische Kinderarzt und Schriftsteller Janusz Korczak (1872–1944), sein Hauptwerk überschrieben: *Wie man ein Kind lieben soll*?[1] Vielleicht, weil er – wie auch Montessori – genau wusste, dass eine unreflektierte Liebe, bei der vor lauter Gefühl die Wahrnehmung getrübt ist, tatsächlich eher „blind macht" und Gefahr läuft, das Kind aus den Augen zu verlieren. Montessori hält es da eher mit einem Satz, der spätestens seit dem Hochmittelalter bezeugt ist: „Ubi amor ibi oculus" – *Liebe macht sehend*.

Sehend lieben und liebend wahrnehmen: das ist das angemessene Motto für Eltern, die das Beste für ihr Kind wollen. Besonders die Wahrnehmung darf sich nicht von elterlichen Emotionen zudecken lassen: Ein gehöriges

---

1   Korczak 1967.

Maß an Realitätsnüchternheit – allerdings eingebettet in eine vorbehaltlose Liebe – ist das, was die Montessori-Pädagogik von den Eltern verlangt.

Um das, was Montessori „Milch" nennt, müssen wir uns dagegen in unserer Weltgegend (Gott sei Dank) keine großen Sorgen machen. Die Gefahr ist hier eher, dass wir unser Kind überfüttern. Es gilt also, das rechte Maß zu finden. Wenn wir uns über eine „Vorbereitete Umgebung" in der Familie – und dazu gehört gewiss auch das Spielzeug – Gedanken machen (vgl. S. 118 ff), werden wir uns also auch damit auseinandersetzen müssen.

DIE „VIER WAHRHEITEN"

An den Anfang unserer Überlegungen stelle ich vier „Grund-Sätze", in denen die Art und Weise, wie Maria Montessori das Kind sieht, prägnant zum Ausdruck kommt. Ich nenne sie „die vier Wahrheiten". Sie können (und sollen) unsere Einstellung und Haltung als liebend-wahrnehmende Eltern im Sinne Montessoris ganz wesentlich beeinflussen und prägen.

1. Jedes Kind ist einzigartig.
2. Jedes Kind ist anders.
3. Allen Kindern ist etwas gemeinsam.
4. Jedes Kind steht vor großen Entwicklungsaufgaben.

1. Jedes Kind ist einzigartig

Bevor sich die Ei- und die Samenzelle vereinigen, haben sie ganz unabhängig voneinander in der Frau bzw. im Mann gelebt. Und der „Lebensfunke" der Zeugung hat eine über Milliarden Jahre reichende Vorgeschichte in der Evolution. In den Samen- und Eizellen, so erklären uns die Biochemiker und Humangenetiker, sind also jeweils Milliarden Jahre der Entwicklung des Lebens und Millionen Jahre menschlicher Entwicklung konzentriert.

Das heißt: Jedes unserer Kinder trägt die Geschichte des menschlichen Lebens in sich.

Gleichzeitig ist aber dieser Moment, in dem Ei- und Samenzelle sich vereinigen, einzigartig in der Geschichte der gesamten Menschheit. Unser noch kaum sichtbares und kaum spürbares Kind, gerade gezeugt – nicht einmal die Mutter weiß davon, und doch gilt schon: *Dieses Kind ist einzigartig in der Geschichte der Menschheit.*

Man spricht in der Erwachsenenwelt oft von „historischen Momenten" und meint damit Ereignisse, die wegen ihrer Unwiederholbarkeit in die Geschichtsbücher eingehen könnten. Aber eigentlich ist jeder Zeugungsakt so ein historischer Moment. Und dass er in der Regel in einer Atmosphäre der Liebe stattfindet, hebt seine Einzigartigkeit noch einmal hervor.

Unwieder-holbarkeit

Die Eltern wollen Glück, Zufriedenheit, ein gelingendes Leben mit ihrem Kind – und natürlich weiterhin eine erfolgreiche Paarbeziehung. Ist das Kind auf der Welt, so suchen viele Eltern sehr früh einen Weg, der, zumindest was das Leben mit dem Kind anbetrifft, diesen Vorstellungen und Wünschen entspricht.

In manchen Gesprächen mit Eltern ist mir deutlich geworden, dass die ursprünglich große Vorfreude auf ein Kind immer dann in eine Krise gerät, wenn man die sog. „Triade" (also die Vater-Mutter-Kind-Beziehung) emotional überlastet und für sich selbst keine klare Vorstellung davon hat, nach welchen Leitlinien und Grundsätzen die Erziehung und Bildung des gemeinsamen Kindes stattfinden soll.

„Die Einzigartigkeit eines jeden Kindes öffnet uns die Augen, macht uns glücklich und dankbar und dadurch fähig, uns vom Kind durch sein Leben beschenken zu lassen. So wird es uns, und so werden wir es nicht verfehlen. […] Doch nur wer liebt, ist ein wirklich Sehender, und nur er kann die zarten Offenbarungen des Kindes sehen und verstehen. Und vor ihm wird ein Kind seine wahre Natur zeigen können" (Montessori 1965: 22).

Das Wissen um die Einzigartigkeit des eigenen Kindes macht dankbar, kann aber auch belasten. Wird man alles richtig machen?

Entscheidend ist, dass tief im Herzen (aber gleichzeitig auch im Verstand) verankert ist, dass diese Einzigartigkeit auch eine Andersartigkeit, ja sogar eine körperliche oder geistige Behinderung bedeuten kann.

Enttäuschung?

Man kann es wohl verstehen, wenn Eltern meinen: *So stelle ich mir mein Kind vor! So soll es einmal werden.* Aber wenn dann elterliche Wunschvorstellungen und kindliche Realität auseinanderklaffen, können Enttäuschungen und vielleicht sogar Verzweiflung die Folge sein.

Darum ist es so wichtig, dass man dem eigenen Kind von Anfang an mit einer gelassenen Einstellung begegnet. Der Alltag wird viele Überraschungen – und nicht nur angenehme – bereithalten.

Montessori wird nicht müde, zu betonen: Wer sein Kind wirklich liebt, wird davon Abstand nehmen, in ihm die eigenen Wünsche verwirklicht sehen zu wollen.

Nach Montessoris Auffassung ist das Kind der „Baumeister des Menschen". Und sie erläutert: *„Es gibt also in der kindlichen Seele ein Geheimnis, in das wir nicht eindringen können, wenn das Kind selbst es uns nicht dadurch offenbart, dass es allmählich sich selbst aufbaut"* (Montessori 1952: 32 = Montessori 1987: 27 = Montessori 2009: 38f).

eigene Persönlichkeit des Kindes

Eltern sind also, wenn sie Montessori folgen, aufgefordert, so etwas wie Assistenten zu sein bei dem anspruchsvollen Prozess, den jedes Kind durchläuft, um seine eigene Persönlichkeit zu entwickeln. Das ist anstrengend und schön zugleich.

Sollte man – als alltagsnahe Selbstkontrolle – gute Vorsätze haben? Ein „Montessori-Credo" für Eltern gewissermaßen? Bei einem Montessori-Familienwochenende haben wir versucht, die Grundhaltung der Montessori-Pädagogik dem Kind gegenüber in einer Art Bekenntnis (Credo) zu formulieren. Dabei kam ungefähr das Folgende heraus:

Ein „Montessori-Credo" für Eltern

➤ Unser Kind gibt es nur einmal auf der Welt und in der Geschichte der Menschen.

➤ Es ist einzig in seiner Art, einzigartig.

➤ Es darf so werden, wie es ist.

➤ Es soll alle seine Möglichkeiten realisieren können.

➤ Wir als Eltern stellen uns dazu in den Dienst.

➤ Es soll kein Abziehbild von uns werden – und auch von niemandem sonst.

➤ Es soll seine eigene Persönlichkeit entwickeln und entfalten können.

➤ So, wie es ist, hat es eine unantastbare Würde – wie jeder Mensch.

➤ Das werde ich / werden wir in Partnerschaft respektieren und umzusetzen versuchen.

Würden Sie dem zustimmen können? Was würden Sie ergänzen? Was würden Sie streichen?

2. Jedes Kind ist anders

„Mein Kind kritzelt immer noch hin und her und malt überhaupt nicht wirklich", klagt die Mutter eines 2-jährigen Mädchens. Ob sie denn jetzt zu Hause mit der Kleinen Häuser und Männchen malen üben solle?

Ständig vergleichen Eltern ihre Kinder mit anderen Kindern. Das beginnt zu Hause mit dem Vergleichen zwischen Geschwistern und setzt sich dann dadurch fort, dass das eigene Kind auf dem Spielplatz, im Kindergarten usw. mit anderen Kindern verglichen wird. Ich habe sogar erlebt, dass eine Mutter bei mir anrief und sagte, sie komme gerade aus der Entbindungsklinik und habe feststellen müssen, dass ein Kind, das am selben Tag geboren sei wie ihres, viel aktiver und viel fröhlicher sei. Ob da etwas nicht stimmen könne?

Das Vergleichen beginnt also schon in der Geburtsklinik.

Montessori, die nicht müde wird, von der Einzigartigkeit eines jeden Kindes zu sprechen, macht immer wieder darauf aufmerksam, dass jedes Kind einen eigenen Rhythmus des Wachsens hat, in körperlicher und in geistiger Hinsicht.

Es ist anstrengend, aber gleichermaßen auch notwendig, dem zu folgen.

Denn es gibt ja im „System Familie" nicht nur individuelle Unterschiede, sondern auch Konflikte. Und da ist es nicht immer sicher, ob es so einfach geht, wie Montessori es fordert:

„[Das Kind] ist von Geburt an ein Geschöpf mit einer Seele, und wenn wir uns um sein Wohl sorgen müssen, dann genügt es nicht, sich um seine leiblichen Bedürfnisse zu kümmern. Wir müssen ihm auch den Weg für seine geistige Entwicklung eröffnen, wir müssen die Regungen seiner Seele vom ersten Tag an respektieren und ihnen zu folgen wissen" (Montessori 2011: 84).

Wenn man es genau nimmt, kann man jedes Kind nur mit ihm selbst vergleichen – auch innerhalb derselben Familie. Jeder Vergleich mit anderen Kindern hätte zu viele Fehlerquellen und wäre nicht wirklich hilfreich. Und sogar die so häufig angebotenen und praktizierten Richtlinien für die Entwicklung (Was soll ein Kind wann können?) bieten bestenfalls Hinweise.

Nach Montessori trägt jedes Kind einen eigenen „Bauplan" in sich. Notwendig für uns sei es, die Einzigartigkeit eines jeden Kindes zu akzeptieren. Eltern, die ihr Kind im Sinne Montessoris aufwachsen lassen wollen, verzichten deshalb auf wertende Vergleiche jeder Art. Sie geben lieber ihrem

Vergleichen?

je eigener „Bauplan"

Kind dafür das kostbarste Geschenk, das sie haben: ihre Zeit. So werden sie die (innere) Stimme ihres Kindes wahrnehmen und seine unausgesprochene Bitte vernehmen:

„Gesteht mir zu, so zu sein, wie ich bin.
Glaubt mir, ich will das Beste aus mir machen.
Und ich weiß ja, ihr helft mir dabei.
Ich strenge mich wirklich an.
Aber manchmal geht es nicht so schnell wie bei anderen Kindern.
* Ich bin nun mal ich.*
Bitte, lasst mich so sein, wie ich bin.“

3. Alle Kinder haben etwas gemeinsam

Montessori bietet den Eltern eine (neue?) Perspektive an:

„Man sieht oft den einzigen Wert des Kindes für die Menschheit in der Tatsache, dass das Kind in der Zukunft ein Erwachsener sein wird. So verlegt man des Kindes Wert für die Menschheit ausschließlich in die Zukunft. Das lässt sich nicht rechtfertigen. Das Kind ist ein wichtiges menschliches Wesen in sich selbst. Das Kind ist nicht ein notwendiger Übergang, um ein Erwachsener zu werden [...] Das Kind und der Erwachsene sind zwei verschiedene Teile der Menschheit, die aufeinanderwirken und bei gegenseitiger Hilfe in Harmonie sein sollen. Es ist also nicht nur so, dass der Erwachsene dem Kind helfen muss, sondern auch das Kind muss dem Erwachsenen helfen“ (Montessori 1964: 223f).

Es hat sehr lange gedauert, bis diese Sichtweise – dass die Kindheit einen besonderen Wert hat – in den Köpfen der Menschen Raum bekommen hat.

Hört ihr die Kinder weinen heißt die von Lloyd de Mause herausgegebene „Psychogenetische Geschichte der Kindheit“, die 1977 auf Deutsch erschienen ist.[2] Dort heißt es gewissermaßen programmatisch: *„Die Geschichte der Kindheit ist ein Albtraum, aus dem wir erst gerade erwachen. Je weiter*

> **Eigenwert der Kindheit**

---

2 De Mause 1977.

wir in der Geschichte zurückgehen, desto unzureichender wird die Pflege der Kinder, die Fürsorge für sie, und desto größer die Wahrscheinlichkeit, dass die Kinder getötet, ausgesetzt, geschlagen, gequält und sexuell missbraucht wurden" (de Mause 1977: 12).

De Mause unterscheidet sechs Perioden, in denen sich in der Geschichte der Umgang mit den Kindern verändert hat. Wir heute, so sagt er, leben etwa seit der Mitte des 20. Jahrhunderts in einer Beziehung zum Kind, die er als „Unterstützung" bezeichnet. Die Eltern seien unter Mühen bereit, dem Kind zu helfen, seine eigenen Möglichkeiten zu verwirklichen (vgl. de Mause 1977: 84f).

Kinder in der Geschichte

Das mag für die Staaten westlich-christlicher Tradition zutreffen. Weltweit sieht es leider immer noch anders aus. Die Kindheit als eigene, der Lebensweise des Erwachsenen gleichrangige Form von Menschsein anzuerkennen und zu akzeptieren, dass Kinder eine eigene Würde haben – davon ist die Welt als Ganze noch weit entfernt.

Und mit dem Blick auf uns darf gefragt werden: Ist es nicht so, dass im Bewusstsein vieler Eltern das Kindsein gerne mal verniedlicht und verharmlost wird? Jedenfalls gilt aber: *Kinder werden doch nicht erst zu Menschen, sie sind bereits welche!*[3]

Dem Erwachsenen gleichartig, das sind Kinder gewiss nicht und können es auch nicht sein – aber gleichwertig, das sind sie allemal.

Montessori geht noch einen Schritt weiter. Sie mutet uns Erwachsenen (und damit natürlich nicht zuletzt den Eltern) zu, uns vom Kind dabei helfen zu lassen, Mensch zu sein. Für Montessori ist das Kind ein Vorbild an Humanität.

Vorbild an Humanität

Wir Erwachsenen, wir Eltern werden, so war es auch Montessoris Weg, dem Geheimnis der Kindheit weiter nachspüren müssen, um das Geschenk des Kindes an uns auch wahrnehmen und empfangen zu können.

Die Stimme des Kindes, sie könnte zu uns vielleicht so sprechen:

> *„Du, Mama, du, Papa, ich weiß doch, dass ich klein bin. Ich bin kein kleiner Erwachsener. Ich bin ein Kind. Das ist etwas anderes. Ich muss und kann kein Geld verdienen. Aber ich habe eine große Aufgabe vor mir. Ich will nämlich ich selbst werden. Bitte achtet mich in meiner Persönlichkeit. Denn die ist schon da."*

---

3 Janusz Korczak, zitiert nach: http://www.bk-luebeck.eu/zitate-korczak.

4. Jedes Kind steht vor bedeutenden Entwicklungsaufgaben

„Was wünschen Sie sich für Ihr Kind?" So oder ähnlich titeln manche Fragebögen.

Fast alle Eltern wünschen zuerst Gesundheit. Es folgen dann Glück und Zufriedenheit, für einige auch Erfolg. Ein gesundes, glückliches, zufriedenes und erfolgreiches Leben als Ergebnis elterlicher Erziehung. Und der Weg dahin? Montessori beschreibt ihn so:

„Hier wie in so vielen anderen Fällen müssen wir uns zum Kind hinabbeugen und es das fragen, was wir wissen möchten. [...] Nur das Kind wird uns leiten können, nachdem wir uns innerlich darauf vorbereitet haben, ihm zu folgen, und es wird uns vom Nichts zum Anfang und vom Anfang zur Entwicklung führen" (Montessori 1973: 51).

Mit großer Achtung begegnet Montessori dem Kind, denn es muss eine unglaublich komplexe und schwierige Entwicklungsaufgabe bewältigen: Es soll sein Potenziale voll ausschöpfen können. Und es soll ein eigenständiger Charakter, eine eigene Persönlichkeit werden.

Potenziale

Gibt es einen Schlüssel dazu? Montessori benennt ihn folgendermaßen: *„Die freie Individualität ist die Grundlage für alles. Ohne diese Freiheit ist eine vollständige Entwicklung der Personalität unmöglich"* (Montessori 1973: 52). Damit haben wir ein Kernthema elterlicher Erziehung benannt und gleichzeitig die anstrengendste Entwicklungsaufgabe des Kindes: *mit Freiheit umgehen lernen.*

Eltern werden sich fragen müssen (und dies kann durchaus für Diskussionen in der Familie sorgen):

Freiheit

- Wie viel Freiheit verträgt mein Kind in welchem Alter?
- Wodurch wird es freiheitsfähig, und welche Hindernisse gibt es?
- Wenn mein Kind eine starke Persönlichkeit werden soll: Welche Regeln und welche Grenzen muss ich setzen, damit dies gelingt? Oder geht alles ohne Regeln und Grenzen?

Montessori meint: *„Hier befinden wir uns in einem Labyrinth von Ideen. Nur das Kind kann uns Licht verschaffen, kann uns eine Anleitung für die Erziehung geben [...]"* (Montessori 1973: 52).

Bleiben wir im Bild: Wenn Kinder so etwas wie „Licht" für ihre Eltern sein sollen, müssen wir uns auf sie ausrichten, um uns nicht hoffnungslos im Labyrinth zu verirren. Maria Montessori selbst ist diesen Weg konsequent gegangen. Orientieren wir uns an dem, was die Kinder uns mitteilen können. Montessori-Pädagogik ist eben kein Schreibtischprodukt. Sie ist immer eine „Entdeckung des Kindes". Und nur wenn und weil sich weltweit bei Kindern bestimmte Phänomene entdecken lassen, gibt es so etwas wie eine „Montessori-Theorie". Sie fasst nur systematisch zusammen, was eigentlich jeder von uns auch herausfinden könnte.

Für sie steht also fest:

Kinder stehen vor immer neuen großen *Entwicklungsaufgaben*.

Diese müssen sie erfüllen in vielen verschiedenen *Entwicklungsdimensionen*.

Das geht nicht alles gleichzeitig. Darum machen sie *Entwicklungsschritte*.

Eltern wünschen sich, dass ihr Kind bei jedem einzelnen Schritt die maximale und optimale *Entwicklungshöhe* erreicht. Man kann die Faktoren, die dabei eine Rolle spielen, in eine einfache Formel fassen:

Entwicklung

$$E = A \times U \times Z.$$

Die optimale Entwicklungshöhe (E) wird erreicht, wenn ein erfolgreiches Zusammenspiel von drei Faktoren stattfindet:

Da sind zunächst die Anlagen (A). Sie sind weitgehend (durch Vererbung) festgelegt. Aber wenn sie nicht entdeckt werden, können sie verkümmern.

Die Anlagen können sich aber nur entfalten, wenn es für sie eine entsprechende soziale und gegenständliche Umwelt gibt (U). Dieser Einsicht entspricht in der Montessori-Pädagogik die zentrale Bedeutung der „Vorbereiteten Umgebung".

Die beste Umgebung bewirkt jedoch nichts oder jedenfalls erheblich weniger, wenn das Kind mit ihr zu früh oder zu spät in Beziehung kommt. Daher gilt es, die „Reifeangebote" der Natur zu erkennen, damit der passende Zeitraum (Z) genutzt werden kann. In der Montessori-Pädagogik spricht man in diesem Zusammenhang von „sensiblen Phasen".

Kurz gesagt: Wenn Anlage, Umgebung und Zeitraum optimal aufeinander abgestimmt sind, erreicht ein Kind seine maximale und optimale Entwicklungshöhe.

Eltern sollten sich aber nichts vormachen. Sie wünschen oft, dass ihre Kinder mit besonderen Anlagen ausgestattet sind, haben vielleicht Vermutungen, Wünsche, Hoffnungen, Projektionen. Hier ist jedoch eine große Portion Realismus angesagt, denn es gibt für beide Seiten – für die Eltern wie für das Kind – nichts Schlimmeres, als das Gefühl zu haben: „Ich habe es nicht geschafft" oder: „Ich habe meine Eltern enttäuscht".

Kompromisse

Eltern müssen damit leben, dass sie keine perfekte „Vorbereitete Umgebung" schaffen können. Und sie müssen auch damit leben, dass der Alltag sie in Konflikte bringt, was die Zeit für die Beobachtung der kindlichen Entwicklung und die dabei möglichen Entdeckungen (Stichwort: sensible Perioden) einerseits und die beruflichen Notwendigkeiten andererseits betrifft.

Aus diesem Grunde gibt es eine ganze Reihe von Montessori-Einrichtungen, welche sich dazu bekennen, dass sie die Eltern ergänzen und in Partnerschaft begleiten wollen („Montessori-Erziehungspartnerschaft").

Gleichwohl: Es tut Eltern weh, wenn sie feststellen müssen, dass Wunsch und Realität auch auseinanderfallen können. Und Montessori-Pädagogen wissen darum, dass auch ihre Möglichkeiten begrenzt sind.

Entwicklungsdimensionen

Der Begriff „Entwicklungsdimensionen" hört sich sehr theoretisch an. Er benennt jedoch eigentlich nur, in welchen (miteinander verschränkten) Feldern sich die kindliche Entwicklung ereignet. Eltern sollten die wichtigsten kennen. Die folgende Aufzählung beansprucht jedoch keine Vollständigkeit. Sie kann aber vielleicht doch helfen, festzustellen, in welcher Dimension gerade mal wieder ein „Schub" ansteht.

➤ Bewegung
➤ Gefühle
➤ Spiele und Regeln
➤ Sprache und Sprechen
➤ Denken und Intelligenz
➤ Leistung und Erfolg
➤ Werte und Moral
➤ Geschlecht und Sexualität
➤ soziale Rolle
➤ Sinn im Leben.

Unter diesen Dimensionen gibt es solche, die eigentlich immer „dran" sind, und andere, die in bestimmten Altersphasen ihren Schwerpunkt haben. Aber es kann doch hilfreich sein, sich in den aufeinanderfolgenden Entwicklungsphasen immer mal wieder diese Dimensionen zu vergegenwärtigen. Und dann überlegen wir, was zu Hause im Sinne Montessoris zu tun und vielleicht auch möglich wäre.

Die „vier Wahrheiten"

ENTWICKLUNGSPHASEN – UND WAS ELTERN DARÜBER WISSEN SOLLTEN

„Jetzt sagen Sie uns aber bitte klar, was wann dran ist." Dieses Ansinnen hört man häufig von Eltern. Sie fordern Auskunft, weil sie ihr Kind nicht überfordern wollen. Sie wollen aber andererseits auch klare Hinweise, was eine „normale" Entwicklung ist. Hat Montessori Antworten?

Montessori selbst hat zunächst gezögert, sich den Begriff der Entwicklung zu eigen zu machen. Später unterscheidet sie dann aber doch verschiedene *Phasen der Entwicklung* und füllt diese Phasen inhaltlich mit ihren Erkenntnissen über die sogenannten „sensiblen Perioden".

Die Zeit vor der Geburt

Die Bedeutung vorgeburtlicher Erfahrungen

Über die *vorgeburtlichen (pränatalen) psychischen Erfahrungen* und deren nachgeburtliche (postnatale) Folgen konnte Montessori nicht so viel sagen, wie wir es heute dank moderner Hilfsmittel können. Doch wer sein Kind angemessen empfangen und später gut begleiten will, sollte auch über diese Phase etwas wissen. Manchmal können Eltern ihr Kind besser verstehen, wenn sie den Zusammenhang zwischen aktuellen Zuständen oder Verhaltensweisen und bestimmten Erfahrungen im Mutterleib entschlüsseln können.

Bereits im 4.–5. Schwangerschaftsmonat kann das Kind auf bestimmte Geschmacks-, Klang- oder Tasterfahrungen mit Zustimmung oder Ablehnung reagieren.[4]

---

4   Die moderne Ultraschalltechnik macht diese Erkenntnis möglich. Um Geschmacksreaktionen zu erforschen, brachte man verschiedene Geschmacksträger in die Nabelschnur ein. Bei einer leicht salzigen Lösung z. B. verzog das Ungeborene jeweils das Gesicht.

Die Gehirnreifung des Kindes wird angeregt durch jede Art von Klang- und Bewegungserfahrungen.[5] Sowohl das Bewegungsverhalten der Mutter als auch die musikalische Umgebung in der Familie haben also, so darf man annehmen, Einfluss auf die Gehirnentwicklung des Kindes.

Der Lebensrhythmus der Mutter und der des Ungeborenen stehen in einem Wechselspiel. Das lässt sich z.B. am vorgeburtlichen Schlaf-Verhalten ablesen. Dieses Wechselspiel kann für das Kind förderlich oder auch nachteilig sein. In diesem Zusammenhang ist auch das sogenannte Außensystem der Mutter, also ihre Umwelt, von wesentlicher Bedeutung. Ist die Mutter in der Schwangerschaft voller Angst oder steht sie unter Dauerstress, wirkt sich das aufs Ganze gesehen auf den biologischen Verlauf der Schwangerschaft nachteilig aus. Und es hinterlässt Spuren im kindlichen Gehirn: *„Wir wissen heute zweifelsfrei, dass Stress der Mutter vor allem durch Medikamente und eine Fülle außeruteriner Einflüsse die Entwicklung von Reflexen, Motorik, Sensorik, des REM- Schlafs, ja des Gedächtnisses negativ beeinflussen, wie umgekehrt eine biologisch ausgewogene Rhythmik auch des äußeren Lebens positive Resultate zeigt"* (Baacke 1999a: 112).

Wechselspiel Mutter – Kind

Entwicklungsdimensionen

Hier ein knapper Überblick zur vorgeburtlichen Entwicklung:

Vorgeburtliche Wahrnehmung

Das komplexe Wahrnehmungssystem ist bis zur Geburt noch nicht vollendet. Aber zahlreiche subtile Wahrnehmungsprozesse finden bereits im Mutterleib statt. Das Kind reagiert auf seine Wahrnehmungen unmittelbar, und auch seine Gehirnentwicklung wird dadurch beeinflusst.

Vorgeburtliche Bewegung

Kaum etwas ist beeindruckender, als die Bewegungsmuster beim Embryo zu beobachten. Ausgewogenheit, Gleichgewicht, Stabilität, Getragensein – das Ungeborene macht lebensbedeutsame Urerfahrungen.

---

5   Bassreflexvibrationen etwa bei Heavy Metal, aber auch heftige Kontraste und unruhige Dynamik (etwa bei Beethoven) provozierten auffällige Bewegungen bis hin zum starken Strampeln. Bei Mozart z. B. war die Reaktion dagegen eine kaum wahrnehmbare. All dies sollte eine werdende Familie nicht ganz außer Acht lassen.

Vorgeburtliche Gefühle

Wenn ihm etwas nicht schmeckt, verzieht das Ungeborene beispielsweise seinen Mund. Wenn unangenehme Töne auf sein Ohr treffen, reagiert es mit heftigen Bewegungen.

Vorgeburtliches Spielen

Tasterfahrungen (zum Beispiel mit der Nabelschnur), Daumenlutschen, Sich-Kugeln und Sich-Drehen sind leibhaftige (und lebhafte) Vorbereitungen auf das erprobende Spiel.

Was die *Leistungsfähigkeit* und die *Intelligenz* anbetrifft, wissen wir heute immerhin, dass zahlreiche Außenerfahrungen des Ungeborenen sich in seinen Gehirnstrukturen manifestieren (sog. Engramme).

Fühlen, Denken, Wollen, Handeln: Die Grundlagen von Individualität und Persönlichkeitsentwicklung werden schon vorgeburtlich beeinflusst, aber in welchem Maße, das ist (noch) nicht klar.

Über die weiteren Entwicklungsdimensionen lässt sich auch heute noch nichts Eindeutiges sagen.

Wenn Montessori all das gewusst hätte, würde sie möglicherweise im Interesse einer ganzheitlichen Entwicklung des Kindes Folgendes von Eltern erwarten:

> ➤ *Sag Ja zu deinem Kind. Wenn du es ablehnst als Mutter oder als Vater, wird es das wahrnehmen.*
> ➤ *Versuche, einen ausgeglichenen Lebensrhythmus zu finden. Dein Kind wird sich dem anpassen und sich gedeihlich entwickeln.*
> ➤ *Achte auf die Reize, die durch den Mutterleib hindurch auf dein Kind einwirken. Es schmeckt mit, es hört mit, es erlebt deine Bewegungen mit.*
> ➤ *Was du tust oder lässt – dein Kind reagiert darauf mit Zustimmung oder mit Ablehnung.*
> ➤ *Die Entwicklung deines Kindes durchläuft schon vor der Geburt ein wichtiges Stadium – nicht nur physisch, sondern auch psychisch.*
> ➤ *Sei daher für dein noch ungeborenes Kind eine „Vorbereitete Umgebung".*

Was Eltern „im Nachhinein" tun können

Viele Eltern, vornehmlich Mütter, werden bei Problemen des Kindes oft zu spät nach dem Verlauf der Schwangerschaft gefragt.[6] Einschlafstörungen, nicht zu beruhigendes Schreien oder eine auffällig starke Motorik können durchaus ihre Ursache in der Schwangerschaftsphase haben.

Eine gute (Montessori-)Kinderkrippe ist daher nicht nur vernetzt mit Hebammen, Kinderärzten und Fachdiensten, sie wird auch bereits im ersten Gespräch nach pränatalen Erfahrungen fragen.

Bei Einschlafstörungen z. B. muss man den pränatalen Schlaf- und Wach-rhythmus der Mutter genau kennen, weil sich das Baby diesem vorgeburt-lich angepasst hat. Hat es etwa während der Schwangerschaft ein hohes Maß an Unausgeglichenheit und Unausgewogenheit gegeben, so kann sich dies auch im Schlaf-Wach-Rhythmus niederschlagen.

Schlaf

Die Bewegungsmuster von Kindern sind durchaus verschieden. Das könnte Konsequenzen fordern für die Art, wie das Baby getragen wird. Passt die Trageweise (Tuch, Korb usw.) nicht zum Bewegungsmuster, ist der kleine „Tragling" leichter unruhig – oder aber er gibt auf und reduziert seine vita-len Funktionen auf das Überlebensnotwendige, wie dies bei dem höchst zweifelhaften und zum „Ruhigstellen" des Säuglings unverständlicherweise sogar von einigen Hebammen empfohlenen „Pucken"[7] oftmals geschieht. Das Pucken aktiviert bei Säuglingen ein psychisches Überlebensmuster: In seinem „betonierten" Zustand von Überwärmung bedroht, reduziert das Kind jede Aktivität, selbst das Schreien. Diesen Zustand mit der Bewegungs- und Geborgenheitserfahrung im Uterus zu vergleichen, ist fast zynisch. Montessori kannte diese seinerzeit übliche Methode. Und ihre Philosophie der freien Bewegung als einer Voraussetzung für die Ausbildung der Persön-lichkeit stellt dazu jedenfalls einen klaren Gegenpol dar.

Bewegung

An der für den Mutterleib typischen Geborgenheitserfahrung sollte es auch nach der Geburt nicht fehlen. Dabei sind in einer ersten Phase die kör-perliche Nähe und die Wärme der Mutter bedeutsam – wie sie genau gestal-tet werden kann, wird sie selbst sicher am besten spüren. Ferner ist das

---

6   Wir befassen uns hier nicht mit dem Geburtsvorgang selbst. Dazu verweise ich auf die umfangreiche Literatur zum Thema.

7   Das Pucken ist eine traditionelle Wickelmethode: Der Säugling wird hauteng mit angelegtem Arm und begradigtem Bein bis zum Halsansatz gewickelt.

Stillen ein Ritual, das höchste gegenseitige Sensibilität mit sich bringt und deshalb optimaler Bedingungen bedarf.

Geborgenheit Die Bedürfnisse der einzelnen Kinder nach körperlicher Nähe sind unterschiedlich. Oft wird gefragt, ob das Kind im elterlichen Bett mitschlafen soll. Wann der Zeitpunkt gekommen ist, das Baby zum Einschlafen in seine eigene Wiege zu legen – in der ersten Phase ist sie einem Bettchen vorzuziehen – müssen die Eltern behutsam erspüren. Und auch bei der Auswahl des Kinderbettchens sollte dann größte Sorgfalt walten. Als Grundregel kann hier Montessoris Forderung gelten: *Abwarten und beobachten.*

Der erste und beste Ratgeber ist hier wohl die mütterliche Intuition. Daher ist es gut, wenn Mütter eher ihren Gefühlen als irgendwelchen Büchern folgen. Eine erfahrene Hebamme kann ihr dabei zur Seite stehen.

Die ersten drei Lebensjahre

Merkmale der Entwicklungsphasen nach Montessori

Maria Montessori hat die Entwicklung des jungen Menschen als eine Abfolge von vier aufeinanderfolgenden Phasen beschrieben, die jeweils etwa sechs Lebensjahre umfassen. Bei der Abfolge dieser Phasen sieht sie einen rhythmischen Wechseln von „formativen" (oder auch „labilen") und „stabilen" Phasen.

Phasen

In den formativen (also aufbauenden) Entwicklungsabschnitten steht das Kind vor besonders vielfältigen und bedeutsamen Entwicklungsaufgaben. Es braucht, um diese erfüllen zu können, viel psychische und physische Kraft. Gleichzeitig ist es in hohem Maße labil, d.h. körperlich und seelisch leichter aus dem Gleichgewicht zu bringen.

Die erste Phase (von der Geburt bis etwa zum 6. Lebensjahr) wird noch einmal in zwei Abschnitte unterteilt, die jeweils ca. drei Jahre umfassen.

Grundlegende Charakteristika der ersten drei Jahre

Die ersten drei Lebensjahre sind von besonderer Bedeutung. Sie sind, um es mit einem Ausdruck Montessoris zu sagen, die Zeit des „psychischen Embryos" und einer lebhaften Aktivität dessen, was sie den „absorbierenden Geist" nennt.

absorbierender Geist

„War das Kind vor der Geburt wesentlich ein physischer, so ist das Neugeborene nunmehr ein psychischer Embryo. Wie sich in der vorgeburtlichen

Periode im physischen Embryo die Organe jedes für sich getrennt entwickeln, so entwickeln sich in dieser nachgeburtlichen Periode alle Funktionen getrennt. Es besteht also noch keine Einheit in der Personalität. Aber alle Potenziale sind bereits vorhanden.

In dieser Periode findet eine Art Erwachen von Potenzialitäten statt, die dann die enorme schöpferische Arbeit des Kindes leiten müssen: des geistigen Embryos" (Montessori 1972a: 65).

Und den kindlichen Geist als „absorbierenden Geist" charakterisiert sie folgendermaßen:

„Viele [...] Dinge erlernt das Kind mit erstaunlicher Schnelligkeit. Es macht sich alles aus seiner Umgebung zu eigen: Gewohnheiten, Sitten, Religion prägen sich fest in seinen Verstand ein" (Montessori 1972a: 22).

In seinen ersten Lebensjahren ist der kindliche Geist also gewissermaßen wie ein Schwamm, der sich vollsaugt mit all dem, was ihm in seiner Umgebung angeboten wird. Das kleine Kind muss sich nicht anstrengen, muss keine mühevolle Willensleistung vollbringen, es lernt unbewusst, aber zugleich in unglaublicher Intensität. Dabei ist es – und das ist die Grenze des Vergleichs – jedoch nicht teilnahmslos und passiv, wie dies ein Schwamm wäre. Vielmehr benutzt es alle Möglichkeiten seiner Wahrnehmung.

unbewusstes Lernen

So erwirbt das Kind *„im Laufe seiner Entwicklung nicht nur die menschlichen Fähigkeiten, die Kraft, die Intelligenz, die Sprache; es passt gleichzeitig auch das Wesen, das es aufbaut, den Umweltbedingungen an"* (Montessori 1972a: 56).

Die Erkenntnisse der heutigen Neurophysiologie unterstützen Montessoris Aussagen:

„Es ist dies die einzige Zeit, in der sich die äußeren Einflüsse [...] in der Ausbildung des Gehirns direkt niederschlagen können, d. h., in anatomischen Veränderungen, in festen Verknüpfungen zwischen den wachsenden Gehirnzellen" (Vester 1978: 38).

Der Neurologe Johannes Dichgans stellt fest:

„Was zunimmt, ist die Dichte der Verknüpfungen zwischen den Nervenzellen. [...] Dies geschieht in Auseinandersetzung mit der visuellen Umwelt, wobei Gebrauch und Nichtgebrauch über die Art und Dichte der später funktionalen Verknüpfungen und den Untergang anderer Potentialitäten entscheiden" (Dichgans 1994: 235f).

Was das Gehirnwachstum betrifft, findet 50 % der Substanzzunahme während des gesamten nachgeburtlichen Lebens bis zum Ende des ersten Lebensjahres statt und 80 % bis zum Ende des dritten Lebensjahres.

Nach der Geburt hat das Menschenkind unter allen hoch entwickelten Säugetieren (nach der Beschreibung des Biologen Adolf Portmann[8]) die geringste Anfangsausstattung. Daher bezeichnet er den Menschen als „normale Frühgeburt". So besitzt das Kind eine schier unglaubliche *Lernbedürftigkeit*, aber eben auch eine gewaltige *Lernfähigkeit*. In jeder Sekunde nach der Geburt lernt es. Das Gehirn bildet unzählige neue Verbindungen, reichert sich an, wächst weiter.

Von seinen Anlagen her ist der Mensch eigentlich ein „Nestflüchter", er will aufstehen, sich bewegen, sich entfernen können. Aber fast ein Jahr lang kann er das nicht. Warum kommt der Mensch also so früh auf die Welt? Das ist deswegen so, weil das Gehirn nach der Geburt eine unfassbare Menge von Informationen aufnehmen muss, damit der Mensch – vornehmlich durch die Begegnung mit und die Nähe zu anderen Menschen – das eigentlich Menschliche erlebt und erlernt.

Das erste Lebensjahr ist physisch und psychisch von einer außerordentlichen Gehirnorientierung bestimmt. Bald aber wird das kleine Menschenkind sich aufrichten, gehen, sich die Umgebung vertraut machen.

„Das dumme erste Jahr" – so konnte man früher sagen hören. Und man meinte vielleicht: Das Kind schläft, schreit, dreht sich, saugt, gibt seltsame Laute von sich usw. – was soll da schon groß passieren?

Heute wissen wir es – auch dank der Erkenntnisse Montessoris – sehr viel besser.

„In dieser Zeit findet eine Art Erwachen von Potenzialitäten statt, die dann die enorme schöpferische Arbeit des Kindes leiten müssen, des geistigen Embryos. Die Potenzialitäten werden nicht so ohne Weiteres aktiviert. Sie brauchen eine angemessene kulturelle Umwelt; deshalb muss „der menschliche Embryo geboren werden [...], bevor er sich vervollkommnen kann. [...] Seine Potenziale müssen eben durch die Umwelt angeregt werden" (Montessori 1966a: 82).

Und die Eltern? Bleibt ihnen nur das dankbare (und oft erschöpfte) Staunen?

Entwicklung des Gehirns

---

8   Vgl. Portmann 1969.

„Es ist wunderbar", sagt die junge Mutter, und der Vater nickt zustimmend: „Es ist
noch nicht so lange her, dass unser Samu auf die Welt kam; er war so leicht und zart,
und es war alles nicht so einfach.
Dann lag sein Köpfchen an meiner Brust, er saugte, und seine Augen spiegelten sich
in meinen.
Nach ein paar Wochen saugte er heftiger, und es war gar nicht romantisch.
Die Nächte waren kurz. Und wir waren oft erschöpft.
Und wir wussten nicht, warum er weint. Und wir hatten Angst, wenn er (aus unserer
Sicht) so grundlos schreit. Wir wollten alles richtig machen.
Wir haben ihn getragen, wir haben ihn neben uns gelegt, wir haben mit ihm gesungen,
Geschichten erzählt und sind bisweilen selbst dabei eingeschlafen. Dann aber: eine
Zufriedenheit, sein ausgeglichenes Gesicht, seine dankbaren Augen, seine kleinen Hände
und schließlich das erste Lächeln. Nun quietscht er fröhlich, dreht und wendet sich,
kommt ins Krabbeln und wird sich bald aufrichten. Wir sind angestrengt.
Noch immer gilt: Wir wollen alles richtig machen. Und wir haben Zeit für ihn. Gott sei
Dank. Und zwar beide."

Während sie mir das erzählen, schenkt Samu mir sein soziales Lächeln und quietscht
dabei fröhlich. Dann greift er einen Holzring, dreht und schlägt mit ihm und erzeugt
Laute, beobachtet schließlich seine Hände, lauscht auf seine Stimme.

„Wir haben das Gefühl, jetzt kennt er seinen Namen, wenn wir ihn ansprechen."
Ich hatte den jungen Eltern vom „psychischen Embryo" erzählt. Sie meinen:
„Wir können es nicht dokumentieren, aber wir wissen es: Die Psyche, der Geist dieses
kleinen Menschen, er ist hochaktiv – in jeder Phase. Und nachts, auch kurz vor dem
Einschlafen, wenn eine Unruhe kommt, wenn er weint, vielleicht sogar schreit, muss
sein Gehirn die unzähligen Eindrücke des Tages verarbeiten und integrieren."
Das könnte helfen, nicht nur die unverständlichen „Ausbrüche" des Kleinen zu
verstehen, vielleicht auch sein unerwartetes nächtliches Schreien. Hier arbeitet ein
kleiner Mensch mit und an seinen Potenzialen, nahezu pausenlos. Wir kennen seine
Träume nicht. Aber sie sind da. Gut, dass wir auch da sind.

Für viele Eltern kommt die erste Trennung von ihrem Baby emotional viel zu
früh. Eine „Krippe" soll oder muss vielleicht schon im ersten Lebensjahr das
Zuhause weitgehend ersetzen. Wenn Paare oder Alleinerziehende heute die
Frage nach der „besten Krippe" stellen, geschieht dies also oft mit einem   **Krippe**
leisen Unterton des Bedauerns. Es gibt heute für sie eben viele Sachzwänge.
Die Situation ist in mehrfacher Hinsicht schwierig. Man braucht einen Krip-

Entwicklungsphasen – und was Eltern darüber wissen sollten

penplatz – aber bekommt man ihn auch? Am besten ganz in der Nähe? Viele Eltern sind einfach nur froh, wenn dieses Problem gelöst ist – für sie. Und für das Kind? Es wird sie gewiss entlasten, eine „gute" Krippe zu haben. Es gibt dazu klare Hinweise aus der Montessori-Perspektive, ergänzt um die zahlreichen Erfahrungen des Verfassers.[9]

Montessori selbst hätte die Frage wohl überhaupt nicht verstanden: Für sie war völlig klar, dass das Kind in den ersten drei Lebensjahren in der Intimität seiner eigenen Familie leben müsse. Sie kannte aber natürlich nicht die Notwendigkeiten unserer gesellschaftlichen Situation.

Montessori-Impulse für den Familienalltag (0–3 Jahre)

Wahrnehmung

Wie bereits beschrieben, saugt das Kind alle Eindrücke um sich herum auf und arbeitet unablässig mit ihnen (absorbierender Geist – psychischer Embryo). Es lebt in einer Phase intensivster und umfassender *Wahrnehmung*.

Das Erste, was es wahrnehmen muss, ist bedingungslose *Geborgenheit* und absolute *Zuverlässigkeit*. Dies soll die Grundwahrnehmung seines Lebens sein. Daher braucht es auch eine räumliche Umgebung, die zuverlässig und klar strukturiert ist. Wir ändern in ihr nichts ohne guten Grund.

Wärme, Nähe, Liebe – sie äußern sich und werden vom Kind wahrgenommen vor allem auch durch die taktilen Erfahrungen *(Berührungserfahrungen)*, die ihm von seinen Eltern angeboten werden. Wir werden ihm also durch unsere körperliche Nähe taktile Reize ermöglichen. Dabei werden wir gewiss zunächst unserem eigenen Gefühl folgen, später aber mehr und mehr an den Reaktionen des Kindes erkennen können, welche Berührungen ihm guttun. Wesentlich ist, dass das Kind dabei Wärme und Nähe spürt.

Wir berühren es also sanft mit den Fingerspitzen, den Fingern, der Handfläche. (Am besten geht das, wenn das Kind – bei angenehmer Raumtemperatur – wenig bekleidet ist.) Unser Weg beginnt beim Kopf und führt zum Beispiel von der Region der Fontanelle (also dem Hinterkopf) über den Nacken, die Schultern, den Rücken die Wirbelsäule entlang bis zu den Füßen, schließlich vom Ansatz der Arme (beidseitig) bis zu den Fingerspitzen. Der Weg kann auch auf der Vorderseite beginnen.

Zuverlässigkeit

Berührung

---

9   Zu Kriterien für eine gute Krippe vgl. S. 125 ff.

Kinder lieben diesen „langen Strich". Durch die zärtlichen Hände der Eltern erfahren sie sich gewissermaßen ganz.[10]

Natürlich finden sich in der Nähe des Kindes, sodass es nach ihnen greifen kann, auch schlicht gestaltete *elementare Spielmaterialien*. Dabei ist darauf zu achten, dass das Kind langsam und behutsam an die Auswahl herangeführt wird. Zu Beginn wird nur ein Material gegeben und in die Nähe gelegt oder ins Gesichtsfeld gehoben, später können es dann nach und nach verschiedene sein. Folgen wir Montessori, so sollten es nicht mehr als drei gleichzeitig sein. Das Kind sucht ja nach Ordnung (sensible Phase für Ordnung – vgl. S. 66 ff) und braucht darum Übersichtlichkeit.

elementare Spielmaterialien

Was die *optischen Erfahrungen* betrifft, sollte man zunächst auf die Helligkeit im Raum sowie den Lichteinfall achten. Nur langsam wird sich das Kind an die Lichttemperatur des Raumes gewöhnen. Jeder „Lichtschock" (Blitzlicht, helle Taschenlampe usw.) sollte vermieden werden. Die vorgeburtliche Farbwahrnehmung des Kindes im Mutterleib war ein gedämpftes Rosa.

optische Reize

Wir sollten dem Kind also die Möglichkeit geben, elementare optische Erfahrungen behutsam und in zunehmend differenzierender Weise (hell – dunkel, Lichter und Farben) zu machen. Grelle Funktionsbeleuchtung wird es selbst beim Kinderarzt nur fallweise geben – und in der Krippe sowieso nicht. Vielleicht erproben Sie mal, wie Ihr Kind auf das Anzünden einer Kerze und auf Kerzenschein reagiert. (Beobachten Sie seine Augen und seinen Mund.)

Akustische Erfahrungen hat das Kind ebenfalls schon im Mutterleib gemacht. Wir sollten ihm also die feinen und feinsten Töne in der Umgebung anbieten – das kann z.B. ein sehr feines Glockenspiel sein oder (chinesische) Windspiele. Wichtiger als alles andere ist aber die menschliche Stimme. Dem Kind ist *die mütterliche Stimme* bereits vertraut und zum Teil auch die väterliche. Das Kind kann beobachten, wie die Frequenz der Stimme sich erhöht, die Lautstärke abnimmt und das Gesicht sich nähert; und seine Reaktion darauf zeigt in der Regel eindeutig Entspannung an.

akustische Erfahrungen

---

10 Über Babymassage gibt es eine umfangreiche Literatur. Manchmal kann eine Partnerübung die Einübung unterstützen. Wichtig ist, die Körperspannung und den Gesichtsausdruck des Säuglings (und später des Kleinkindes) zu beobachten.

Entwicklungsphasen – und was Eltern darüber wissen sollten

Klingende Spieluhren sind ein beliebtes Geschenk. Die Melodie sollte aber einfach und ruhig sein. Wichtig ist, dass die Spieluhr nicht als Ersatz für die Nähe der Eltern eingesetzt wird, etwa um das Kind zum Schlafen zu bringen. Es kann sein, dass es negative Folgen hat, wenn das Kind die Spieluhr und die Abwesenheit der Eltern miteinander verknüpft.

Montessori legt Wert auf eine gute, klare, artikulierte Sprache, ein angemessenes Sprechtempo, eine angemessene Lautstärke. Es versteht sich, dass man eine laute Umgebung so weit wie möglich vermeidet – und dies gilt natürlich auch für die Klangumgebung Auto. Lieder singen, ausgewählte Musik spielen, feine, klare Reime vorsprechen, vielleicht begleitet von ersten Fingerspielen – den richtigen Zeitpunkt dafür wird man dem Kind sozusagen an den Augen ablesen können. Und jedenfalls gibt es eine Fülle von Möglichkeiten, das Kind mit unterschiedlichen Klängen vertraut zu machen.[11]

Bewegung

Die Bewegung des Kindes ist zunächst auf den eigenen Körper gerichtet, entwickelt sich dann im Körperkontakt mit der Mutter weiter und dehnt sich schließlich Schritt für Schritt auf entferntere Objekte aus. Dabei geht das Kind vom Vertrauten behutsam zum Unbekannten vor.

Entwicklungs-
verläufe
Die Bewegungsentwicklung der Kinder kann im ersten Lebensjahr durchaus unterschiedlich verlaufen. Deshalb ist ein Vergleich mit anderen Kindern desselben Alters meist wenig hilfreich.

Bewegung ist immer auch Kommunikation mit der Umwelt. Insofern ist es ganz wichtig für Eltern, die Bewegungsabläufe des Kindes entspannt, aber aufmerksam zu studieren und ihre Weiterentwicklung zu beobachten – auch unter der Frage, ob sich in der Umgebung etwas verändern müsste, damit das Kind sich nach seinen Möglichkeiten bewegen kann.

Der übliche Bewegungsraum ist in der Regel ein Fußboden. Begrenzungen (Laufstall) können nützlich sein, sind aber nur in bestimmten Situationen notwendig (z. B. an Treppen).

---

11 Verwiesen sei hier auf die Handgestenspiele von Wilma Ellersiek (www.handgestenspiele. de). Hier kann neu oder wiederentdeckt werden, was kleine Kinder schon immer faszinierte. Die alten, aber durchaus nicht veralteten Mutter- und Koselieder Friedrich Fröbels sind ebenfalls eine Entdeckung wert (www.friedrich-froebel-online.de).
Das „Große Liederbuch" von Tomi Ungerer ist ein Klassiker.
Schließlich noch ein CD-Tipp mit „Klassikern": *Sing mit mir Kinderlieder* (TipTopTon CD).

Wenn das Kind ins Krabbelalter kommt (das ja immer auch ein Sturzalter ist), sollten spitzkantige Möbelstücke möglichst nicht in der Nähe sein oder in den „Krisenzonen" mit Schaumstoff o. Ä. abgesichert. Die Wohnung muss allerdings nicht barrierefrei sein, denn die Kleinen überwinden gerne Hindernisse. Und sie sollte vor allem nicht gegen den Erkundungs- und Bewegungsdrang des Kindes verteidigt werden müssen; dies gilt auch für die Küche (vgl. dazu S. 110 ff.).[12]

Spiel und Spielzeug

Hier kommt es auf Einfachheit und Klarheit an. Natürlich spielen Kinder mit allem, was wir ihnen geben. Und schon nach einem Jahr weiß das Kind, dass die Spielsachen da sind, auch wenn es gerade nicht mit ihnen spielt (sog. Objektpermanenz). Darum braucht das Kind Sicherheit: Was es sich vertraut gemacht hat, sollte auch auffindbar sein. Der Spielraum braucht klare Strukturen. Und das Spielzeug selbst muss (wenn man Montessori folgt) in der Menge und im Inhalt begrenzt sein, damit das Kind sich orientieren kann. Dabei sollte man hinsichtlich der Möglichkeiten der Spielsachen schon beim Kauf eine Stufenleiter (vom Einfachen zum Schwierigen) vor Augen haben und berücksichtigen, dass ein Kind oft monatelang mit dem Einfachen immer neue Erfahrungen machen kann. Hier gilt als Faustregel: Weniger ist mehr.[13]

klare Strukturen

Gefühle und Emotionen

„Ein emotional positives Ausgangsklima scheint in Familien immer dann zu bestehen, wenn die Ehe formal als sozial erwünscht, persönlich gewollt, Kinder als gewollt und andere Positionen der Lebensplanung nicht beeinträchtigend erfahren werden" (Baacke 1999a: 153f).

In eine emotional ausgewogene Familie hineingeboren, beschenkt uns das Kind mit der anrührenden Erfahrung des ersten Lächelns und dann auch des ersten herzhaften Lachens (etwa ab dem vierten Monat) und signalisiert, dass seine Bedürfnisse befriedigt sind. Ein daraus hervorgehendes Wohlbefinden, ein ästhetisches Sich-Wohlfühlen, das kognitiv-geistige Durchschauen einer Situation: Solche Erfahrungen legen den Grund für

emotionale Stabilität

---

12   Zur „Montessori-Wohnung" vgl. S. 108 ff.
13   Zum Stichwort „Spielzeug" vgl. S. 118 ff.

emotionale Stabilität und damit auch für eine positive Lebensgrundstimmung des Kindes.

Schreien

Wenn das Baby die Nacht durchgeschrien hat, wenn keiner wirklich zur Ruhe gekommen ist, wenn verschiedene Arbeiten aufgeschoben werden mussten und der Innendruck der Familie spürbar erhöht ist und wenn man merkt, wie sich auch die Außenwahrnehmung verändert hat, weil man neue Akzente setzt, dann wird man ehrlicherweise zugestehen müssen, dass eine junge Familie starken Belastungen emotionaler Art ausgesetzt ist. Und wenn man dann auch noch die Aussage hört: „Schrei-Kinder sind Gedeih-Kinder!", dann kann man durchaus auch mal aggressiv reagieren. Und die Aggression richtet sich dann oft auch sozusagen nach innen – zum Partner hin. Aber niemals darf das Kind ihr Adressat sein: Niemals das Kind schütteln, es anschreien, laut fluchen! *Ja, es kostet Kraft; ja, es macht aggressiv – aber auch: Ja, wir werden es schaffen.*[14]

Montessori hat (wie auch Korczak) auch das Weinen und Schreien der Kinder studiert. Wichtig ist, dass der Adressat des Schreiens nicht selbst in Verzweiflung gerät, sondern versucht, es als Tatsache zu akzeptieren, es zu entschlüsseln und möglichst in eine Ruhephase zu verwandeln.

Nuancen des Ausdrucks

Eltern spüren sehr schnell die unterschiedlichen *Arten des Schreiens* bei ihrem Kind heraus. Bedürfnisschreien klingt eben anders als Verlassenheitsschreien, Zorn- und Verzweiflungsschreien klingt anders als ein Schmerzschrei. Nur durch Beobachtung des eigenen Kindes lernt man zu differenzieren. Manchmal (vor allem dann, wenn der Grund des Schreiens nicht ohne Weiteres erkennbar ist) kann man sich damit helfen, dass man ein leises Lied in relativ niedriger Frequenz, auf einem Grundton, in die Situation hineinsummt, gekoppelt mit körperlicher Geborgenheit und behutsamer, pendelnder Bewegung (als Erinnerung an den Mutterleib). Wenn das Kind sich noch nicht ein- oder festgeschrien hat, genügt dies oft. Aber man muss es selbst wollen und vielleicht auch – in einer Situation mit dem Kind, die frei von Stress ist – vorher üben.

---

14 Die Verlassenheit und Einsamkeit junger Familien in dieser und anderen Stresssituationen ist eine große Herausforderung für alle Beteiligten. Wichtig ist, dass es ein soziales Netzwerk gibt, das eine emotionale Entlastung ermöglicht. Hebammen geben hier oft gute Hinweise. Man muss nur ehrlich vor sich selbst sein und seine Bedürfnisse offen benennen.

Schlaf

Das Kind hat mit dem Mutterleib auch seine ursprüngliche Schlafheimat verlassen. Im Mutterleib fand es ausgewogene Bewegung, gedämpftes Licht und behutsamen, wohltuenden Klang.

Ähnliches braucht auch ein Neugeborenes im ersten Lebensjahr. Die behutsam schaukelnde Bewegung kann eine Wiege ersetzen, ebenso auch ein sorgfältig ausgesuchtes Ruhe- und Schlafbettchen.[15]

Soll das Kind zunächst immer zwischen den Eltern einschlafen? Und wie lange soll es im elterlichen Bett bleiben?

Distanz und Nähe

Distanz und Nähe können zu einem Problemfeld werden: Einerseits kann die Distanz zu früh hergestellt werden – keine tröstende und streichelnde Nähe zum Kind – oder aber zu spät: Dann wird das Elternbett gleichzeitig zum Kinderbett und nicht mehr zur Ausnahme für das Kind in besonderen Situationen.

Der Umzug in ein *eigenes Schlafzuhause* sollte in mehreren Phasen erfolgen und ungefähr am Ende des ersten Lebensjahres gelungen sein. Ab wann auch eine räumliche Trennung – Kinderzimmer – möglich ist, sollten Sie behutsam erproben.

Grundsätzlich bedeutsam ist, dass dem Baby und später dem Kleinkind die Erfahrung vermittelt wird: Auch wenn Mama oder Papa nicht körperlich in meiner Nähe sind – sie sind (für mich) da!

Die zunächst auch physische Nähe beim Einschlafen außerhalb des elterlichen Bettes oder Zimmers ist also erforderlich, denn das Kind hat (Stichwort „psychischer Embryo") über den Tag hinweg eine ungeheure Menge von Eindrücken aufgenommen. Diese werden während der Nacht verarbeitet. Das Gehirn arbeitet unablässig und erzwingt so gleichsam – zumal wenn es sich um ein äußerst kommunikatives Kind handelt – die beruhigende elterliche Nähe.

Einschlafrituale

Es ist daher besonders wichtig, ein *Einschlafritual* zu entwickeln, das dem Kind Geborgenheit und Sicherheit gewährt und es problemlos in die Tiefschlafphase hineingleiten lässt. Der Atem des Kindes und die zunehmende Entspannung seines Körpers zeigen uns an, ob das Kind bald in den Tiefschlaf gelangen wird.

---

15 Es ist interessant, was mitunter über Kinderbettchen aus Zirbenholz zu lesen ist. Hier sind alte Erfahrungen wirksam.

Entwicklungsphasen – und was Eltern darüber wissen sollten

Montessori-Alltagsrituale in der jungen Familie

Rituale begleiten unseren Alltag. Sie entstammen zum großen Teil unserer kulturellen Tradition (oder aber einer anderen, die wir – mit Freude oder manchmal auch mit Widerwillen – übernommen haben).

Für eine junge Familie ist es wichtig, eigene immer wiederkehrende Abläufe festzulegen und zu erproben, weil sie Sicherheit geben, weil sie ein Identifikationsmerkmal sind – und weil sie einfach guttun.

In einer qualifizierten Montessori-Einrichtung sind – von der Begrüßung bis zur Verabschiedung, vom Beginn einer Arbeit bis zu ihrem Abschluss, von den Regeln im Miteinander bis zur Bewältigung von Konflikten – die Abläufe gesichert, abgestimmt, ritualisiert. (Bei der Auswahl einer Einrichtung sollte man auch danach fragen.) Und gerade in der Phase der „psychischen Embryonalität", in der der „absorbierende Geist" im Säugling und Kleinkind intensiv am Werk ist, sollten wir in der Familie ebenfalls eine Kultur der Rituale entwickeln.

Das einfachste Beispiel sind die *Begrüßungs- und Verabschiedungsrituale* zwischen den (Ehe-)Partnern, die das Kind wahrnimmt und möglicherweise auch selbst übernehmen möchte. Das Umarmen, Küssen, Winken, der eine bestimmte Satz, der sich stets wiederholt, all dies kann prägend sein für die psychische Sicherheit und Stabilität des kleinen Kindes.

Mütter spüren gewiss, dass das *Stillen* des Babys einen besonderen Rahmen verlangt. Diesen Rahmen sollten sie so weit wie möglich immer herstellen und nicht ohne Not von den damit verbundenen kleinen Ritualen abweichen.

Auch das *Wickeln* des Babys sollte zu einem ritualisierten Vorgang werden. Das Ausziehen, das Säubern, das Anlegen der Windeln und schließlich das Wiederankleiden sollten ein gemeinsamer, ritualisierter Vorgang werden: das heißt, das Kind wird so weit wie möglich mit Worten – sparsam, aber eindeutig – bei der Handlung und bis zu deren Abschluss begleitet. Blickkontakt während der aufeinanderfolgenden Tätigkeiten vertieft die emotionale Beteiligung des Kindes. Bei allen dergestalt ritualisierten Handlungen wird das Kind, gewissermaßen als Lernergebnis, sehr bald ohne Dazutun von außen die Abläufe aktiv begleiten durch Bewegungen, Äußerungen des Wohlbehagens, Formen der begleitenden Eigenaktivität – das Kind will mitwirken. Schon jetzt ist es „Ko-Konstrukteur" seiner Persönlichkeit.

Die Phase von 3 bis 6 Jahren (Kindergartenalter)

Entwicklungsaufgaben im Kindergartenalter

Auch im Alter von 3–6 Jahren befindet sich das Kind immer noch in einer formativen, labilen Lebensphase im Sinne Montessoris. Die Fülle der Eindrücke, die es tagtäglich umgeben und die es verarbeiten muss, nimmt eher noch zu. Das Kind lebt weiterhin in einer Phase „psychischer Embryonalität" und saugt mit all seinen Kräften und Energien die Umgebung gleichsam auf („absorbierender Geist").

Montessori stellt allerdings fest, dass sich im dritten Lebensjahr etwas Wesentliches ändert:

Umbruch
im 3. Lebensjahr

„Mit drei Jahren ist es, als ob das Leben von neuem beginne, denn zu diesem Zeitpunkt offenbart sich voll und klar das Bewusstsein. [...] Vor dem dritten Lebensjahr werden die Funktionen geschaffen. Nach dem dritten Lebensjahr werden die geschaffenen Funktionen entwickelt. [...] Was aber genau muss es [das Kind] entwickeln? Das, was es bisher geschaffen hat. Somit tritt das Kind zwischen dem dritten und dem sechsten Lebensjahr, wenn es bewusst seine Umgebung erobert, in eine Periode wirklichen Aufbaus ein" (Montessori 1972a: 148f).

Montessori wählt an anderer Stelle ein Bild, um auf die Entwicklungsaufgaben des Kleinkindes hinzuweisen. Sie vergleicht es mit einem Erben, der über einen großen Schatz verfügt, aber nicht so recht weiß, wie er damit umzugehen hat. Den Wert seines Vermögens vermag er noch gar nicht einzuordnen.

> Was muss das Kind jetzt leisten? Und wo braucht es eine aktive Begleitung durch die Familie?
> ➤ Es soll Strukturen erkennen und Dinge bzw. Vorgänge, die zusammenhängen, als solche begreifen.
> ➤ Es soll Dinge und Vorgänge miteinander in Beziehung setzen können.
> ➤ Es soll Erfolge erzielen und deren Bedingungen verstehen können.
> ➤ Es soll sich selbst erproben, aber auch die Beziehungen zu anderen Kindern (vielleicht auch zu einem Geschwisterkind).
> ➤ Es soll lernen, seine Interessen geltend zu machen, aber auch die Interessen anderer zu respektieren.

Montessori-Impulse für die Familie (3–6 Jahre)

Für all diese Entwicklungsaufgaben braucht es eine wohltuende und Sicherheit gewährende Atmosphäre – eine Familie also, die man deswegen, weil sie sicher und verlässlich immer da ist, auch (zeitlich begrenzt) verlassen kann, um ins Kinderhaus oder in den Kindergarten zu gehen.

Für die Familie ist es wichtig, dem spürbaren Kompetenzzuwachs und den neuen Bedürfnissen des Kleinkindes (das bald auch als „Vorschulkind" bezeichnet wird) in dreifacher Hinsicht gerecht zu werden:

Ichkompetenz

1. Erhöhung der Ichkompetenz (auch Selbstkompetenz genannt)
   Die Potenziale des eigenen Kindes werden immer sichtbarer. Hier wird es für die Eltern darauf ankommen, ihnen optimale Realisierungsmöglichkeiten zu verschaffen.

Sozialkompetenz

2. Profilierung der Sozialkompetenz
   Das Kind erprobt Rollenmuster, sucht und findet soziale Kontakte zu anderen Kindern, trennt sich aber nicht selten auch rasch (und für die Eltern oft nicht nachvollziehbar) wieder von ihnen. Eltern müssen die-

ses soziale Erprobungsfeld zulassen und sollten so wenig wie möglich steuernd eingreifen. (*„Du warst ja bei ihr zum Geburtstag eingeladen ... jetzt musst du aber auch ...“* – so denken die Kinder nicht!)

3. Ausprägung der Sachkompetenz

   Es ist erstaunlich, welche Perfektion Kinder in diesem Alter schon erzielen können. Aber auch Fehler und Versagen dürfen von den Eltern nie als „Feind“ angesehen werden, sondern immer als neue Chance. So wird der Fehler zum ermutigenden Startpunkt, es noch einmal oder anders zu versuchen.

Eltern-Mutprobe mit Erdbeeren[16]

Es ist Erdbeerzeit. Eine Schüssel, prall gefüllt mit köstlichen Erdbeeren, ziert den Esstisch. Da fragt Konstantin: „Wo ist die Sahne?“ Sie fehlt. Also steht der Dreijährige auf und sagt: „Ich hol' sie!“

Eine Schüssel Sahne. Im Kühlschrank. Ich sehe die teuren Kacheln im Flur, unseren schönen neuen Teppich, und ich sehe einen Dreijährigen, der „es selbst tun“ will. Was nun? Ich denke kurz nach, atme durch und sage, so lässig wie möglich: „Okay.“ Er geht. Ich hinterher. Zur Vorsicht. Bleibe ein wenig auf Distanz. Ob er das merkt? In der Küche: Der Kühlschrank ist hoch eingebaut. Für Konstantin zu hoch. Er zieht vom Esstisch einen Stuhl herbei, klettert hoch, öffnet die Kühlschranktür. Gott sei Dank – die Sahneschüssel steht ganz vorne. Er greift sie mit beiden Händen – und tatsächlich, er kniet sich behutsam auf den Stuhl. Sein Gesicht ist unglaublich konzentriert. Die Schüssel wird auf den Küchentisch gestellt. Er klettert zurück: Kühlschranktür – zu!

Ich atme durch.

Jetzt nimmt er behutsam die Schüssel in beide Hände. Der Rückweg. Die Fliesen, der Teppich, eine kleine Stolperkante, was noch? Rückweg: Schritt für Schritt. Ruhig, gleichmäßig, selbstsicher, fast würdevoll.

Nun steht die Schüssel mit der Sahne neben den Erdbeeren. Er schaut uns an. Ich bin erleichtert. Und ich bin dankbar.

Übrigens: Erdbeeren mit Sahne – ein Genuss!

Eltern können vieles ermöglichen, aber auch vieles verhindern.

---

16   Vgl. Steenberg 1997: 23.

Entwicklungsphasen – und was Eltern darüber wissen sollten

Ein Kind braucht Freiräume für seine eigenen Entscheidungen – und mag es auch nur um die Sahne für Erdbeeren gehen, die zu transportieren ist. Es muss die Möglichkeit haben, sich zu erproben – und damit auch die Möglichkeit, zu scheitern.

Dabei sollten die Bedingungen immer lebensnah, gleichsam dem Alltag abgelauscht sein und möglichst einen Erfolg begünstigen. Das Kind erlebt so zu Hause:

➤ Ich habe mich entschieden.

➤ Ich darf es tun.

➤ Ich bringe eine Handlung. die ich geplant habe, zu Ende.

➤ Ich übernehme für das Ergebnis selbst die Verantwortung.

Ein Kind, das als Person erfolgreich, überzeugend und sachkompetent werden soll – das wünschen sich Eltern. Welcher Weg dahin führt, habe ich eben zu skizzieren versucht. Aber unterwegs warten Stolperschwellen, und manches misslingt, geht zu Bruch. Das Vertrauen zum Kind, die Bereitschaft, ihm etwas zuzutrauen, ist jedoch die bedeutendste Basis des Erfolgs, und sie darf sich nicht erschüttern lassen.

Und noch zwei (weitere) wesentliche Kompetenzen konnte der kleine Kerl erproben und stabilisieren: Er hat die Sahne natürlich auch für die anderen geholt. Der Genuss wird sozusagen auf die Gruppe verteilt. Das betrifft die *Sozialkompetenz*. Und er musste sich unterwegs mit den Gesetzmäßigkeiten von Sahne, Schüssel, Stuhl, Tisch und Kühlschrank auseinandersetzen. Das nennt man *Sachkompetenz.*

Um all dies müssen Eltern kein großes Theater machen. Man muss nur die *Signale, die das Kind gibt*, richtig zu deuten verstehen – und dann muss man bereit sein, *ein Risiko einzugehen.* Wenn das Kind also zu Hause z.B.
den Tisch decken, sich selbst und anderen etwas eingießen, etwas aus dem Keller holen will, wenn es beim Aufräumen (ja, auch das kann Kindern Freude bereiten) mittun will, wenn es selbst im Garten arbeiten will, dann sind dies weitere Hinweise darauf, dass es seine Kompetenzen erproben und erweitern will.

Immer sind wir Eltern gefragt, ob wir dafür genügend Zeit geben, ob wir Zeit haben, dem Kind in Ruhe etwas vorzumachen, ihm zu zeigen, wie es geht, und zwar so langsam, dass das Kind immer dann, wenn es dasselbe wiederholen oder selbst erproben will, dies auch selbst tun kann. „Übungen des praktischen Lebens" nennt Montessori das.[17] Ideen dazu finden sich in der unmittelbaren Umgebung jeder Wohnung. (Test: Haben Sie eine Idee, wie Sie dem Kind vermitteln, wie die Zahnpasta auf die Bürste kommt? Und wie man Zähne erfolgreich putzt? – Ja, das dauert alles. Also: „Lass dir Zeit!")

Unser Kind: eine Zeit-Waise?

Gutes Spielzeug, das Vorhandensein von Bilderbüchern, der kontrollierte Gebrauch von Medien – all dies ist wichtig. Entscheidend aber ist die Einbettung in soziale Beziehungen. Haben die Eltern Zeit?

Zeit haben

Manche Kinder, so klagen viele Erzieherinnen, werden nach dem Kindergarten vor dem Fernseher geparkt: Es ist noch so viel anderes zu tun zu Hause.

Es gibt zahlreiche Fragen, deren Beantwortung in den Montessori-Familienalltag hineinwirkt: Gibt es Geschwister, die als Spielkameraden oder auch als Konkurrenten erlebt werden können? Wie werden Konflikte ausgetragen? Hat der Wochenrhythmus der Familie ein liebenswürdiges Gesicht? Haben Eltern Zeit, darüber zu sprechen?

Aktionismus ist fehl am Platze. Am Sonntag muss auch die Entspannung zu ihrem Recht kommen. Es muss nicht immer Programm gemacht werden.

Klare Strukturen, Berechenbarkeit und vor allem die Erfahrung, etwas erproben und dabei auch Fehler machen zu dürfen und dennoch geliebt zu werden – das ist das, worauf es ankommt.

Entwicklungsdimensionen: Montessori-Impulse für zu Hause

Das Kind im Alter von 3–6 Jahren arbeitet ernsthaft an der Gestaltung seiner Individualität. Das Kind will immer mehr „es selbst tun", und zwar in allen Entwicklungsdimensionen.

Wahrnehmung

Die kindliche Wahrnehmung wird zunehmend strukturierter. Sie sucht und findet zielorientiert. Daher ist es ist sinnvoll und notwendig, dass die „Vorbereitete Umgebung" in der Familie eine überschaubare Fülle von Wahrneh

---

17 Vgl. dazu S. 134 ff.

mungsreizen anbietet. Eltern müssen also auswählen, was in den Blick- oder Erfahrungshorizont des Kindes gerückt werden soll. Dabei gilt der Grundsatz: Nicht Masse, sondern Qualität. So wird beispielsweise die Freude des Kindes an der Entdeckung von Ursache und Wirkung bei der Spielzeugauswahl helfen.[18]

Qualität statt Masse

Es gilt dabei das Prinzip: Vom Einfachen zum Komplexen. Und ein wichtiger Hinweis, der anzeigt, ob die Wahl richtig war, ist: Das Kind spielt mit dem, was es gefunden hat, wieder und wieder, ohne dabei müde zu werden. Solange die Eltern dies beobachten, sollten sie Interesse zeigen, aber nicht eingreifen. (Nach dem Motto: „Das kannst du doch schon, willst du nicht mal was anderes spielen?")[19]

Manche Eltern meinen, dem Kind dadurch etwas Gutes zu tun, dass sie die kindliche „Frei-Zeit" fördernd überplanen. Hier ist jedoch große Zurückhaltung angesagt.

„Frühförderung" sollte in ganz enger Abstimmung mit den entsprechenden Fachdiensten und nach eindeutigem pädiatrischem Befund angeboten werden.

---

18   Vgl. dazu S. 118 ff.
19   Vgl. dazu S. 99 ff: „Die Polarisation der Aufmerksamkeit".

Ansonsten gilt: Eine Sache – die aber richtig! Man muss immer bedenken, dass hier ein riesiger Markt besteht, der auch „abschöpfen" will. Maßstab ist letztlich das Wahrnehmungs-Wohlbefinden des Kindes. Und das hängt z.B. auch davon ab, wie die heimische Klangumgebung ist. Läuft immer das Radio oder der Fernseher? Erlebt das Kind das Fernsehen begleitet und gezielt und in welchem Umfang? Welche für Kinder geeigneten DVDs oder CDs sind vorhanden? Wann werden sie angeboten? Wann darf das Kind selbst auswählen?

Reiz-
überflutung?

Sollen der PC oder das Tablet schon Spielgegenstand sein? Braucht Ihr Kind eine Spielkonsole oder vielleicht sogar das eigene Smartphone? Fachliche Information und Hilfe stehen hier immer wieder gegen professionell angelegte Markteroberungsstrategien. Was wird siegen? Eltern sollten in dieser Hinsicht sehr sorgfältig entscheiden.

„Die Smartphone-Mama"

Unbestritten, der frühzeitige Weg zur Krippe oder zur KiTa gehört oft zum mütterlichen Morgenritual. Und während ich, den Hund an der Leine, ausschreite, um bald an meinen Tee zu gelangen, habe ich keine Chance mehr, dem kleinen Kinderwagenbewohner zu zeigen, dass „Krappi" Pfötchen gibt und sich total brav ablegen kann.

Früher verweilte der Kinderwagenbabyblick noch auf dem Vierbeiner, und Mama gab einen Kommentar dazu. „Schau mal, ein Hund" (bisweilen auch „Wauwau"). Das ist vorbei. Mit einer Hand den Kinderwagen schiebend, hält die andere das Smartphone. Ja, es gelingt sogar, das Gerät so zu halten, das Mama mit dem Daumen whatsappen kann. Wow! Baby schaut auf Mamas Wunderhand. Mama schaut auf das elektronische Wunderwerk und kommuniziert. Bloß nicht mit Baby. Baby bleibt stumm. Blickt ins Leere. Jetzt spricht Mama sogar. Aber nicht mit Baby. Oh. Plopp. Smartphone kurz aus. Kind abgegeben. Jetzt hat Mama Zeit für das Wesentliche.

Ich begreif' das nicht. Bin wohl von gestern.

Diesen bitteren Text fand ich in einem Kirchengemeindeblatt. Typisch? Sicher: Digitale Medien gehören zu unserem Familienalltag. Aber müssen sie so beziehungsdominant sein? Man könnte bisweilen beginnen, den Wert mütterlicher Intuition infrage zu stellen. Wie steht es hier mit „Milch und Liebe", von denen Montessori sprach?

Ästhetik

Selbstverständlich gehört eine gute Auswahl an *Bilderbüchern* zur „Vorbereiteten Umgebung" in der Familie.[20]

Erstaunlich ist die ästhetische Empfindsamkeit besonders dieses Alters (vgl. Baacke 1999a: 138f).[21] Sie ist viel ausgeprägter, als gewöhnlich angenommen wird.

Bilder

Selbstverständlich werden Kinder in einem *Museum* (ganz gleich, ob für moderne oder alte Kunst) sehr bald „ihr Bild" oder „ihre Skulptur" gefunden haben. Und sie werden malen und gestalten, wenn ihnen dazu Gelegenheit gegeben wird.

Kinder sind Künstler! Zu Hause braucht man dazu nicht viel. An Papier sollte es nicht fehlen, die Tische, an denen das Kind malt, und vielleicht auch der Fußboden sollten abgedeckt sein. Aufräumen wird das Kind selber.[22]

Bewegung

„Leben ist Bewegung", stellt Montessori lapidar fest.

Freiheit des Ausdrucks

Darum gilt: Die kindliche Bewegung muss die Freiheit des Ausdrucks haben, damit das Kind lebhaft und lebendig bleibt.

Bisweilen hat man die Sorge, dass schon in diesem Alter zur Bewegungsarmut erzogen wird. Jede Zeit, jedes Wetter kann und sollte zum Anlass für Bewegung genommen werden. Kinder lieben Regenpfützen und sehnen sich manchmal auch Schlamm herbei. Hier sind ungeahnte Entdeckungen möglich.

---

20 Hier hilft vielleicht die Stiftung Lesen: http://www.symbolwerkstatt-domino.de/Fundgrube/ Kriterien.

21 In Moskau haben wir (als Beispiel) einmal ein spezielles Kinder-Konzerthaus mit ca. 1000 Plätzen erlebt. Die Kleinsten saßen auf Omas Schoß und genossen fasziniert eine hoch anspruchsvolle Aufführung des *Schwanensee* – mit gutem Ausgang. Das Orchester spielte hervorragend, und die Tänzerinnen und Tänzer kamen aus dem staatlichen Ballett.

22 Ein alltagstauglicher Buchtipp: Ilse Hehn: *Kinder sind Künstler*, Ulm 2014.

Draußen kann dann alles Mögliche gesammelt werden, und zu Hause wird gesichtet und geordnet. Eine Kastanien-, Blätter-, oder Steinesammlung ist eine Möglichkeit für das Kind, seine eigene Umgebung zu gestalten. So entsteht eine *Kinderzimmerschatzkammer* – die aber vom Kind auch zu pflegen ist.

Andererseits muss es aber auch lernen, sich zu trennen und Abschied zu nehmen. Jedoch dürfen die Eltern niemals ohne Zustimmung und Einbeziehung der Kinder über deren Umgebung verfügen, wenn sie sie nicht tief verletzen wollen. Noch wissen wir wenig über die sich dann ereignenden Emotionen und nachhaltigen (Vertrauens-)Schäden. Und jedenfalls ist jeder emotionale Hinweis eines Kindes ernst zu nehmen und darf keinesfalls abgewertet werden nach dem Motto: „Ist doch gar nicht so schlimm …" Respekt

Wer Schmerzen empfindet (z. B. einen Trennungsschmerz), der darf dies, und wer Grund zur Trauer hat, der darf traurig sein. *„Alle Tränen sind salzig"*, formuliert Janusz Korczak. *„Wer das begreift, kann Kinder erziehen, wer das nicht begreift, kann sie nicht erziehen."*[23]

Sozialverhalten

Eltern stellen oft mit Erstaunen fest, dass das Kind jemanden heute gar nicht mehr sehen will, den es gestern noch als Freund bezeichnet hat. Und auch Maria Montessori hat sich bereits mit den Ursachen für die häufig wechselnden Freundschaften im Kleinkindalter beschäftigt. Das Kind will Beziehungen erproben. Wer wirklich Freund ist, wird sich später herausstellen. Wir sollten daher bei Geburtstagsfeiern und anderen Einladungen immer auch das Kind fragen, aber bitte nicht manipulieren nach dem Motto: Du bist ja bei dem auch eingeladen gewesen. Erprobung von Beziehungen

Auf dem Spielplatz beobachten wir, wie unser Kind auf andere Kinder zugeht – oder dass es sich eher zurückzieht. Keine Sorge – auch dies muss erprobt werden. Problematisch sind jedoch Konfliktsituationen. Aus ihnen entstehen manchmal auch Aggressionen zwischen Eltern. Schuldzuweisungen sind hier allerdings fehl am Platze, denn Kindern in den ersten fünf bis sechs Lebensjahren ist das psychische Phänomen „Schuld" noch weitgehend fremd. Ein Schuldempfinden setzt immer auch die Erfahrung von angenehm Konflikte – Aggression

---

23   http://www.sigurdhebenstreit.de/texte/2/13/.

Entwicklungsphasen – und was Eltern darüber wissen sollten

und unangenehm, richtig und falsch voraus. Dies ist zunächst eine körperliche Erfahrung, die dann durch die Reaktion der Umwelt (Weinen, Schimpfen oder aber Loben, Mitfreuen usw.) auf die Ebene der Moral (gut vs schlecht bzw. böse) gehoben wird. Die Entwicklung des „moralischen Bewusstseins"[24] verlangt von allen erwachsenen Beteiligten abgewogene, verbal und auch emotional behutsame, aber eindeutige Reaktionen. Von Schuld (oder gar „Sünde") kann noch gar nicht die Rede sein. Und es ist sehr fragwürdig, von einem oder einer 3-, 4- oder 5-Jährigen zu verlangen, sich zu „ent-schuldigen".

sich wehren können

Wie das Kind positiv mit solchen Situationen umgehen kann – durchaus auch indem es sich wehrt –, sollte ggf. zu Hause zum Thema gemacht werden.[25] Schon im zweiten Lebensjahr können Kinder durch Nicken oder Kopfschütteln Handlungen und Vorgänge bewusst bejahen oder verneinen. Und von dieser Möglichkeit sollten sie dann auch immer wieder Gebrauch machen und schließlich mit Worten und ggf. auch Handlungen ihre Ablehnung zum Ausdruck bringen können. Wichtig ist dabei, dass die Begleitung immer auf die Angemessenheit solcher Reaktionen Wert legt. Das Prinzip „Wie du mir, so ich dir" ist hier jedenfalls strikt abzulehnen. Alternativen dazu kann man z. B. im gelenkten Rollenspiel zu Hause und in der Kindertagesstätte einüben.

Rolle und Spiel

Im *Spielen* (etwa im Rollenspiel als Vater – Mutter – Kind) werden soziale Erfahrungen verarbeitet. Die Wohnung kann zu einem großen Rollenspielraum werden, wenn die Eltern dies erlauben. Sie sollten dabei gute Zuschauer, Zuhörer oder auch Mitspieler sein. Denn in diesem Spiel können sie als Teilnehmer oder als Zuschauer eine Menge über sich selbst und ihr Kind erfahren. Dabei müssen die Spielimpulse keineswegs immer von den Eltern kommen.

---

24 Vgl. Piaget 2015. – Jean Piaget (1896–1980), Schweizer Biologe und Pionier der kognitiven Entwicklungspsychologie, Montessori-Diplom, Vorstand der Schweizer Montessori-Gesellschaft.

25 Montessori-Kinder sind aufgrund der aggressionsarmen Atmosphäre im Kinderhaus in der Regel schneller entsetzt, wenn sie aggressives Verhalten erleben. Der Umgang mit negativen Erfahrungen sowie geeignete Handlungsmuster für die Kinder sollten daher auch im Team und bei der Elternarbeit Thema sein.

Denken und Intelligenz[26]

Wann immer das Kind sich im skizzierten Sinne Problemstellungen eigenständig aussetzen darf, werden auch *Denken und Intelligenz* herausgefordert: Das Kind verbindet konkrete Erfahrungen mit Begriffen und Definitionen, erkennt die Unumkehrbarkeit beobachteter Abläufe, lernt an Erfolg und Irrtum. Bedeutsam ist, dass es die Folgen seiner Handlungen selbst erkennen und gegebenenfalls korrigieren kann. Beim Montessori-Material ist dies eines der grundlegenden Prinzipien.[27]

Montessori sagt über Kinder im Alter von etwa 3 Jahren: *„[Das Kind] ist ständig beschäftigt, glücklich und hat stets etwas mit seinen Händen zu schaffen."* Und sie ergänzt: *„Seine Intelligenz entwickelt sich nicht mehr einfach nur, indem es lebt. Es benötigt eine Umgebung, die ihm Momente zur Aktivität bietet [...]"* (Montessori 1972a: 150).

Kinder dieses Alters vollbringen also in allen Entwicklungsdimensionen erstaunliche Leistungen.

Die Phase von 6 bis 12 Jahren (Grundschulalter)

Entwicklungsaufgaben im Grundschulalter

„Wir müssen Sympathie empfinden für diesen kleinen Jungen oder dieses kleine Mädchen, die sich geändert haben, sowohl äußerlich [...] als auch im Innern ihrer Person. Das Kind ist ein starkes Wesen geworden, ein Wesen, das eine neue Welt betritt, die Welt des Abstrakten. Das ist eine reiche Welt, in der es sich mehr für die menschlichen Handlungen interessieren wird als für die Dinge. Das Kind kommt in dieser Welt an und beginnt, Urteile zu fällen. Das ist neu an ihm" (Montessori 2015: 19).

neue Fähigkeiten und Interessen

Manche meinen immer noch, erst mit der Grundschule beginne die Bildung des Kindes. Wir wissen heute, dass die ersten sechs Lebensjahre die entscheidenden sind.

Im Alter von ca. 6 Jahren ist eine labile, formative Phase (wie Montessori es nennt) beendet. In einer nunmehr beginnenden *stabilen Phase ruhigen,*

---

26 Zur Entwicklung der Sprache vgl. S. 72 ff.
27 Vgl. S. 120.

gleichmäßigen Wachstums wird das Kind kraftvoll über eine Fülle von Möglichkeiten verfügen können und sie erweitern und vertiefen.

Hungrig auf neue Erkenntnisse und das Verstehen der Welt, wollen die Kinder nunmehr echte Einblicke in Zusammenhänge haben, sie wollen viel wissen, und sie wollen ihr neu erworbenes Wissen auch anwenden dürfen.

Im Grundschulalter bilden sich im Übrigen auch schon dauerhafte *Freundschaften.*

Können Eltern sich nunmehr getrost zurücklehnen und die weitere Arbeit der Schule (also auch der Montessori-Schule) überlassen? Durchaus nicht.

Zunächst gilt es für die Eltern, diesen (Gestalt-)Wandel aufmerksam wahrzunehmen. Ihr Kind ist jetzt nun mal nicht mehr das niedliche kleine Schmusewesen oder Kindergartenkind. (Um ehrlich zu sein, war es das auch im Kindergartenalter – und auch vorher – durchaus nicht immer.)

Das Schulkind möchte darin ernst genommen werden, dass es eben ein „Schulkind" ist und nicht mehr zu den Kleinen oder gar Kleinsten gehört. Es zeigt immer mehr *Selbstbewusstsein.* Das kann für Eltern durchaus anstrengend sein, erst recht wenn sie bemerken müssen, dass ihr Kind (zumindest wenn es in eine Montessori-Schule geht) Fragen stellt, welche die Eltern vielleicht nicht nur vom Wissen her, sondern auch im Hinblick auf Beziehungen und Moral vor Herausforderungen stellen.

Wenn Eltern dann, weil sie vielleicht keine Ahnung haben oder weil ihnen die Frage des Kindes peinlich ist, ausweichen, vertrösten oder gar die Frage zurückweisen, kann es passieren, dass das Kind (bei aller Hochachtung vor seinen Eltern) beginnt, seine *Wertmaßstäbe* und auch seine Kenntnisse auf andere Weise zu erwerben und zu gewinnen.

Zunehmend ersetzt die Peergroup, also die Gruppe der Gleichaltrigen, die Kommunikation in der Familie. (Dies wird dann im Jugendalter noch erheblich bedeutsamer.)

Wir müssen davon ausgehen, dass unsere Schulkinder durch die digitalen Medien – egal, ob Eltern das mögen oder nicht – sowohl im Bereich des Wissens wie auch im sozialen und moralischen Bereich in hohem Maße „informiert" sind. Sie erhalten auf diesem Wege jedenfalls zahlreiche Begriffe, Bilder, Einschätzungen. So strömt eine Menge an Informationen ganz unterschiedlicher Art auf sie ein, teilweise vielleicht auch aus durchaus fragwürdigen Quellen, mit denen sie oft wegen ihrer Unübersichtlichkeit nichts anzufangen wissen oder einfach überfordert

Selbst-
bewusstsein

digitale Medien

sind. Diese zunächst ungeordneten Informationen müssen deshalb unbedingt – und da kommt der Familie eine zentrale Rolle zu – überformt und begleitet werden von einem sog. *Orientierungswissen*, das es den Kindern erlaubt, Dinge richtig einzuordnen und die Spreu vom Weizen zu trennen.

Werte, Regeln, Moral: Montessori-Ethik zu Hause

Die Werte, nach denen die Familie sich richtet, liefern Grundmaßstäbe, an denen sich auch die Kinder ausrichten und ihre *eigene Wertewelt* aufbauen können. Sie werden ihnen nicht unbedingt immer folgen wollen. Wir aber dürfen uns nicht entziehen. Was also ist uns wertvoll? Welche Werte und Normen erleben die Kinder in einer Montessori-orientierten Familie?

Wertmaßstäbe

Montessori stellt fest: *„Mit 7 Jahren zeichnet sich der Anfang einer Orientierung an moralischen Fragen ab, an der Beurteilung der Handlungen. [...] Das große Problem des Guten und Bösen tut sich vor ihm auf. [...] In diesem Alter bildet sich ebenso der Begriff der Gerechtigkeit gleichzeitig mit dem Verständnis für die Beziehungen zwischen den Handlungen und den Bedürfnissen der anderen“* (Montessori 2015: 13).

Kinder brauchen Klarheit

Kinderfragen offenbaren oft ein tiefes Bedürfnis. *„Der Timo hat der Frieda einfach den Stift weggenommen!“* Diese Feststellung, dem Lehrer mitgeteilt, ist eigentlich eine Anfrage. In ihr geht es weniger darum, dass ein anderer bestraft oder zur Rechenschaft gezogen werden soll. Die Klage offenbart einen Wunsch nach Orientierung im Hinblick auf richtig und falsch, gut und böse, gerecht und ungerecht. Und natürlich gibt es noch viel problematischere Fragen. Von einer *anerkannten Autorität* (Mama, Papa, Lehrerin usw.) wollen Kinder dieses Alters eine Bewertung des von ihnen erlebten Handelns. „Darf man das?“ – „Ist das gut?“ – „Was meint ihr dazu?“ Wir müssen durch unsere Antwort eindeutig „Farbe bekennen“, „klare Kante“ zeigen – und das, was wir den Kindern als Maßstab vorgeben, dann auch selber vorleben.

moralisches Bewusstsein

Hinsichtlich der *Entwicklung des moralischen Bewusstseins* gibt es eine Fülle von Untersuchungen.

Jean Piaget, der berühmte Schweizer Entwicklungspsychologe, der auch ein Montessori-Diplom besaß, hat sich ausführlich mit der Entwicklung des

Regelverständnisses sowie des Verhaltens zu Regeln befasst und beschreibt vier Stufen:

> ➤ Im Alter von 1–2 Jahren werden Regeln kaum wahrgenommen.
> ➤ Das 3- bis 6-jährige Kind lernt am regelkonformen Verhalten der Älteren.
> ➤ Die 7- bis 10-jährigen Kinder setzen sich nach und nach mit Regeln auseinander.
> ➤ Ab dem 11. Lebensjahr durchschauen, befragen, interpretieren Kinder Regeln und schaffen sich auch selbst eigene.

Für Familien ist es wichtig, dass es *Regeln* gibt, die von allen eingehalten werden, denn nur so erfährt das Kind *Verlässlichkeit.* Wenn Mama und Papa beispielsweise sagen, dass sie noch vor den Tagesschau-Nachrichten zu Hause sind, muss das auch eingehalten werden. Und wenn es einen wöchentlichen Müll- oder Spülmaschinendienst gibt, muss auch der eingehalten werden.

Verlässlichkeit

Nicht regelkonformes Verhalten wird (in der Familienkonferenz) zur Sprache gebracht (und zwar von Eltern wie Kindern). Dabei soll es nicht um Kläger und Richter gehen, erst recht nicht um Verurteilen oder Bestrafen. Es geht darum, ein geordnetes System von *Verantwortung* und *Zuverlässigkeit* erfahrbar zu machen.

Ausreden sind bei Eltern wie auch bei Lehrern beliebt. Sie werden aber von Kindern in diesem Alter nicht so einfach toleriert. Wenn man aber diejenigen, von denen ein Stück Unwahrheit in den Alltag der Kinder getragen wird und die man doch eigentlich ziemlich lieb hat, in einem Dunst von Unwahrheit und Unzuverlässigkeit erleben muss, werden die Kinder ihre Empfindungen zunächst nicht zeigen, aber einen Lernprozess durchmachen, dessen Ergebnis lautet: Lügen ist okay.

Und sie lernen auch, dass Ordnungen nicht für alle gleich gelten, sondern dass es unterschiedliches Recht gibt und dass dies oft eine Frage von Macht und Ohnmacht ist. Dazu kann man natürlich sagen: So ist die Welt nun mal. Montessori würde allerdings antworten: Sie muss aber nicht so bleiben, denn das Auseinanderfallen von Macht und Moral schafft Unfrieden und damit innere und äußere Konflikte. Werden diese nicht friedlich, offen und fair ausgetragen, sind die Erfahrungen, die sich daraus ergeben, schädlich für die gesamte Persönlichkeitsentwicklung des Kindes.

Es ist bedeutsam, hervorzuheben, dass die Grundlinien des moralischen Bewusstseins mit Beginn der Pubertät bereits feststehen, sie aber dann, mit neuer Radikalität vorgetragen, zu vertieften Konflikten (oder auch zu Fluchtbewegungen) führen können.

Kinder wollen Frieden

Bereits im Sandkasten erleben die Kinder Verzweiflungshandlungen. Da will z. B. ein Kind unbedingt die Stufen zur Rutschbahn hochsteigen – es will und will „alleine" –, aber es schafft es nicht. Und dann wirft es sich vielleicht auf den Boden, tritt strampelnd um sich und schreit. Psychologen nennen das „*Frustration*" (lat. frustra = vergeblich). Es ist echte elterliche Friedensarbeit, hier ermutigend und – ganz behutsam – zum Erfolg führend einzugreifen. Bloß nicht ersatzweise für das Kind handeln und es hochheben: Das verstärkt die Frustration und führt im schlimmsten Fall zur Gewöhnung („Die machen das schon für mich"). Wie kann man den Kindern helfen, Frustrationen zu überwinden oder sie immerhin zu ertragen? Montessori-Eltern kennen den *Appell: „Hilf mir, es selbst zu tun"* – oder auch: *„Hilf mir, es allein zu tun"* (was ja schon ein Unterschied ist: Im ersten Fall will das Kind nicht, dass die Eltern an seiner Stelle handeln, obwohl es sich die betreffende Handlung selbst zutraut; und dann will es bei dem, was es tut, ganz ohne elterliche Hilfe auskommen.)

Frustration

Kinder erleben auch Handlungen aggressiver Art, verbale oder körperliche Attacken, die manchmal auch keinen erkennbaren Grund haben. Solche Verhaltensweisen sind nicht angeboren, sondern werden gelernt. Kommt es also bereits im Sandkasten oder dann später auf dem Schulhof (oder wo auch immer) zu gewalttätigen Konflikten zwischen Kindern, übertragen sie ihre Erfahrung als „Täter" oder „Opfer" auf alle ihren weiteren sozialen Beziehungen – erst recht dann, wenn sie Ähnliches zwischen den Eltern erleben. Also lernt man durch Nachahmung, wie man Sieger werden kann – oder vielleicht auch, wie man Opfer bleibt. Bestimmte Verhaltensmuster im Konfliktfall werden so schon früh vertieft und verfestigt.

Aggression

Eltern sollten, wenn sie Streit und *Konflikte zwischen Kindern* erleben, zunächst einmal beobachten, wie diese ausgetragen werden. Aggressivität

Entwicklungsphasen – und was Eltern darüber wissen sollten

wird grundsätzlich mit einem klaren Nein zurückgewiesen, möglichst aber nicht dadurch unterbunden, dass man selber Gewalt anwendet.

Hier setzt Montessoris Friedenspädagogik an (vgl. Steenberg 2014a).

Kinder wollen Moral – oder: Die Telefonlüge

Papa ist gerade in der Küche. Das Telefon geht. Mama geht dran, und Papa fuchtelt wild mit den Händen: „Bloß nicht an mich weitergeben!" – „Tut mir leid", sagt Mama, „mein Mann holt gerade die Kinder ab." – Till schaut fassungslos: Aber er ist doch hier, direkt neben Mama.

Kinder registrieren sehr genau, wie die Eltern, wenn z. B. die ungeliebte Verwandte sich angemeldet hat, abfällig über sie reden und wie sie dann tatsächlich doch freundlich empfangen wird. Und sie fragen sich, warum Mama und Papa oft anders reden, als sie handeln.

Man sollte darum wissen. Und Eltern sollten daran arbeiten, identisch zu sein, aber auch bereit, ihre eigenen Konflikte in angemessener Form mitzuteilen. *„Die Tante Frieda geht uns manchmal furchtbar auf die Nerven. Aber was sollen wir machen? Sie meint es eigentlich immer gut."* Das moralische Bewusstsein und das moralische Urteil der Kinder werden durch das

Beispiel
der Eltern

Beispiel der Eltern in jedem Fall gebildet: in der Weise der Nachahmung oder der Ablehnung – und schlimmstenfalls der Verwirrung.

Bringt denn ein erlebter Widerspruch zwischen der Realität und der ihnen vermittelten Moral die Kinder nicht aus dem Gleichgewicht? Mit Montessori können wir feststellen, dass die Kinder sich im Alter zwischen 6 und 12 Jahren in einer stabilen Phase befinden. Natürlich heißt das nicht, dass sie nichts erschüttern könnte: Eine Trennung oder Scheidung der Eltern beispielsweise ist für sie oft eine Katastrophe. Aber in der Regel sind sie physisch und psychisch durchaus belastbar. Man sollte jedenfalls ihre Urteilsfähigkeit nicht unterschätzen und ihre Meinung ernst nehmen.

Um all dies weiß auch Montessori. Und weil ihr die Anbahnung von sozialen und ethisch verantwortlichen Verhaltensmustern so wichtig ist, stellt sie fest: *So muss das Kind zu einer größeren Gesellschaft in soziale Beziehungen treten. Die von der Welt abgeschlossene Schule, so wie sie heute verstan-*

den wird, kann dem Kinde nicht mehr gerecht werden. Etwas fehlt dort zur vollen Entfaltung seiner Personalität" (Montessori 2015: 10).

Eine praktische Konsequenz liefert Montessori gleich mit: Neben Familie und Schule soll eine klar an Werten orientierte Jugendarbeit dem Kind einen erweiterten sozialen Horizont eröffnen. Für Montessori ist dies (den Zeitumständen entsprechend) die Pfadfinderbewegung. Dort gibt es klare Regeln, klare Rituale, eine klare und zuverlässige Ordnung. Was haben wir heute, in Zeiten der Ganztagsbetreuung, Entsprechendes zu bieten?

Beispielsweise kann man leider manchmal den Eindruck haben, dass heute auch schon im Jugendsport der Sieg auf Kosten der Fairness propagiert wird. Welche Moral, welche Werte werden meinem Kind in einer solchen familienbegleitenden Institution (wie einem Sportverein) vermittelt? Auch diese Frage sollten Eltern sich stellen, wenn sie ihr Kind für eine Freizeitaktivität begeistern wollen.

Grenzsituationen

Oft erleben Kinder bereits in diesem Alter, dass das Leben begrenzt ist. Der Tod, oft derjenige der Großeltern, aber manchmal auch der von anderen Kindern, lässt ihnen zum ersten Mal ihre eigene Sterblichkeit bewusst werden. Und dies kann natürlich Ängste auslösen. Umso wichtiger ist es, dass den Kindern eine Hoffnungsperspektive offengehalten und vielleicht auch vermittelt wird.

Sterblichkeit

Ängste

Alle Gefühle, die die Kinder haben – natürlich auch die positiven – sind überwölbt und mitbestimmt von den sozialen und kulturellen Lebenswelten, in denen sie groß werden. So werden sich Eltern fragen: Wie gehen wir mit den Gefühlen der Kinder um – mit Freude und Trauer, mit Erleichterung und Belastung, mit Wut und Angst? Und diese Frage wird vielleicht bald zu weiteren Fragen führen: Wie gehen wir mit unseren eigenen Gefühlen um? Welche Gefühlskultur erlebt das Kind in unserer Familie?

Ängste, vor allen Dingen Versagensängste, dürfen auf gar keinen Fall kleingeredet werden. Sprüche wie „Du schaffst das schon" oder „Ist doch halb so schlimm" helfen in den seltensten Fällen. Kinder sind durchaus in der Lage, Zusammenhänge zu analysieren. Wenn sie zum Beispiel sagen: „Die Frau Schwarz mag mich nicht", dann sollte man das durchaus ernst nehmen, und es sollte im Gespräch zwischen den Eltern und dem Kind –

Ängste

und evtl. auch mit der angesprochenen Lehrerin – angeschaut und gelöst werden.

„Geschlechtsbewusstsein", Rollenerziehung und Sexualität

Die Geschlechtsrolle, in der das Kind lebt, wurde oft unbewusst schon seit Jahren durch die Eltern und andere Bezugspersonen vorbereitet. Oftmals werden von Anfang an Kleidung, Spielsachen, Freizeitbeschäftigungen danach unterschieden, ob sie „für Mädchen" oder „für Jungen" sind. Dabei sind die biologischen Geschlechtsunterschiede eindeutig – dies merken die Kinder teilweise schon in der Krippe. Andere geschlechtsspezifische Merkmale, die man für feststehend hält, sind dagegen nicht naturgegeben, sondern das Ergebnis einer Rollenerziehung. Was „mädchenhaft" oder „typisch für Jungen" ist, hängt wesentlich von dem ab, was die Eltern und die Umgebung als solches definieren. Daher sollten Eltern sich fragen, ob bzw. in welchem Maße sie ihrem Kind denn überhaupt ein solches Rollenbild nahebringen wollen.

Rollenerziehung

In diesen Zusammenhang gehört auch eine offene Auseinandersetzung mit der Sexualität überhaupt. Auf jeden Fall schädlich ist ein Abdrängen in die Heimlichkeit. Und die biologische Sexualaufklärung ganz an die Schule abzutreten, weil man sich selbst oft nicht kompetent genug fühlt, ist eher eine Ausrede. Hinzu kommt, dass die Sexualerziehung oft nur „funktionelle" Informationen vermittelt. Eltern muss es aber um mehr gehen. Dass es ihr Kind gibt, ist das Ergebnis einer *Liebesbeziehung.* Und das kann dem Kind durchaus vermittelt werden.

Montessori will, dass Jungen und Mädchen natürlich und unverkrampft miteinander umgehen. Engagiert nimmt sie Stellung gegen eine Trennung der Geschlechter in der Schule, wie sie teilweise heute wieder diskutiert wird.

Trennung und Scheidung

Es ist eine Tatsache, dass heute viele Beziehungen zerbrechen, dass viele Ehen durch *Scheidung* enden.

Es wäre verfehlt, zu behaupten, dass eine Trennung bzw. Ehescheidung dem Kind nichts ausmachte – auch wenn es sich vielleicht nur wenig anmerken lässt. Und dies wird auch durch noch so durchdachte rechtliche Regelungen für den Scheidungsfall nicht aufgehoben. Und regelrecht verheerend ist es, wenn das Kind – und auch dies gibt es leider nicht zu selten – Gegenstand eines Machtkampfes der ehemaligen Partner wird.

Fazit

Jede Familie darf ihre eigenen Wertvorstellungen haben. Aber sie müssen eindeutig sein, gepaart mit einem hohen Maß an Verlässlichkeit, wenn man das Kind nicht in große seelische Schwierigkeiten bringen will.

Klartext ist auch zu Hause angesagt. Kinder wollen wissen, „was Sache ist". Die elterliche Sprachregelung muss sich mit der Alltagserfahrung der Kinder decken. Und grundsätzlich gilt: Keiner Frage ausweichen! Dabei müssen Eltern keineswegs auf alles eine spontane Antwort liefern. Auch sie haben das Recht, zu sagen: „Da muss ich noch mal drüber nachdenken." Allerdings sollte das Nachdenken dann möglichst auch nicht allzu lange dauern.

Authentizität

Eine Montessori-Schule nimmt nicht nur ein Kind auf, sondern bezieht nach ihrem Selbstverständnis immer auch die Situation der Familie in ihre pädagogische Arbeit mit ein. Dies beinhaltet eine vertiefte Art der Wahrnehmung nicht nur des Kindes, sondern auch seines sozialen und kulturellen Lebenszusammenhangs (natürlich ohne unzulässige Einmischung).

Es ist von zentraler Bedeutung, dass die Kinder sich in diesem Alter von allen Beteiligten ernst genommen sehen. Eine Montessori-Schule tut dies auf jeden Fall. Und ein guter Montessori-Lehrer ist nicht nur ein „Lernbegleiter" eines Kindes, sondern auch gerne sein Gesprächspartner – und auch der Gesprächspartner seiner Eltern, und seien sie auch getrennt, geschieden, alleinerziehend oder in einer anderen herausfordernden Lebenssituation.

Respekt

Ein Kind im Grundschulalter könnte ungefähr folgendermaßen denken:
„Eltern, hört mir mal zu:
Wisst ihr, manchmal muss ich einfach so sein. Schaut mal – das hier bin ich. Und ich bin nicht mehr euer Kleines. Ich bin groß, ich habe einen Willen, und ich habe Kraft. Ich weiß, ich kann es schaffen. Ich habe meine Gründe für das, was ich tue und lasse.
Fragen, die ich stelle, könnt oder wollt ihr manchmal nicht beantworten. Aber seid ehrlich mit mir. Meint ihr, ich merke nicht, wenn ihr nicht

die Wahrheit sagt? Dann bekomme ich einen heiligen Zorn. Ihr seid
doch meine Eltern. Wenigstens ihr könntet doch sagen, was ihr denkt.
Wenn euch etwas nicht passt, dann sagt es doch.
Und seid bitte nicht sauer, wenn mir euer Verhalten manchmal stinkt.
Ich habe euch doch trotzdem lieb.
Aber ich will nicht, dass ihr jemanden anders oder etwas anderes lieber
habt als mich.
Und redet nicht immer von Schule und von Noten.
Die Frage ,Wie war es heute in der Schule?' mag ich gar nicht. Ich will
nicht immer Rede und Antwort stehen müssen."

Anregungen im Sinne Montessoris für zu Hause

Hinsichtlich der *Wahrnehmung* ist festzustellen, dass das Kind aufgrund der Erfahrungen, die es in der Alltagswirklichkeit macht, nicht nur die Abläufe in unserer sozialen und kulturellen Umwelt kennenlernt, sondern auch die Widersprüche in ihr entdeckt und Hypothesen dazu aufstellen kann. (Auch das lernen die Kinder in der Montessori-Schule.)

Bereits 9-Jährige können Fakten (z. B. auch die Beziehung zwischen den Eltern) aus verschiedenen Perspektiven betrachten und bewerten. Ursachen und Wirkungen werden wahrgenommen, verknüpft und individuell bewertet.

Wichtig ist, dass die Kinder davon ausgehen können, zu Hause eine geschützte Umgebung zu haben, in der man alles ansprechen kann. An der Pflege der familiären Kommunikationskultur – die direkt und gleichzeitig verständnisvoll sein sollte – sollten sich alle beteiligen. Belastungen aus anderen Zusammenhängen (Arbeit, Partnerschaft, Finanzen usw.) werden vom Kind sehr schnell erspürt. Eltern tun gut daran, nichts zu verheimlichen, sondern besser miteinander festzulegen: „Wie sage ich / wie sagen wir es unserem Kind?"

offene Kommunikations-kultur

Die Familie ist in der Regel ein zuverlässiger Ort von Ermutigung und Orientierungshilfe. Entscheidend ist dabei, was (glaubhaft) vorgelebt wird.

„Kinder brauchen also Umwelten, in denen sie sich zurechtfinden können (Übersichtlichkeit, Gegliedertheit), aber ihre Vitalität bedarf auch der Verlockung des Unüberschaubaren, und ihr Streben nach Welterkenntnis sucht starke Eindrücke [...]" (Baacke 1999b: 176).

Medienwelten

Und wo holen sie sich diese Eindrücke, wenn die Schule grau, die Umgebung kinderfeindlich, die Familie im Alltagsstress ist? Verfügbar sind in der Regel der PC, Video und das Fernsehen. Müssen wir also aus eigener Unfähigkeit oder mangelnder Kontrollbereitschaft so etwas wie einen schleichenden Realitätsverlust, das Abgleiten in eine Scheinwelt voller Gewalt, eine soziale Isolierung oder gar Verdummung unserer Kinder befürchten? Dieser Gefahr sollten wir in der Montessori-Pädagogik und besonders auch in der Familie mit *„digitaler Vigilanz"*[28] begegnen. Es geht dabei (natürlich) immer um Wachsamkeit, aber es geht auch um souveräne Wahrnehmung, notwendiges Erkennen und selbstbewusstes Handeln.

„digitale Vigilanz"

Diese Wachsamkeit werden die Kinder – angesichts der defizitären Vermittlung von digitaler (Medien-)Kompetenz in der Schule und oft noch schlechterer Vorbereitung auf den Umgang mit zum Teil höchst fragwürdigen Computerspielen – besser und sinnvoller zu Hause unter elterlicher Begleitung erproben. Und die Kinder sind dann oft unsere Lehrer, aber auch dankbar (oder gestresst?), wenn Eltern wirklich mitlernen und verstehen wollen.

Bereits Grundschuleltern sollten gemeinsam mit ihren Kindern die Möglichkeiten des PC erkunden. Sie werden erfahren, dass ihre Kinder viel schneller sind. Aber sie sollten Interesse zeigen. Sie sollen Spiele mit ihnen spielen, und sie sollten auch das Nötige über diejenigen wissen, die bereits im Grundschulalter unter der Theke gehandelt werden und für die Psyche der Kinder höchst gefährlich sind.

Hier ist ein ständiger Dialog mit der Schule, unter den Eltern, aber auch mit Fachberatern notwendig. Die eigene Erfahrung kann das aber nicht ersetzen. Sollte man mit Kindern PC-Zeitkontingente absprechen? Sollte ein „Timer" den Internetzugang der Kinder regeln? Eltern sollten nur im Notfall mit einseitigen Verfügungen arbeiten; die notwendige Regulierung im Konsens zu erzielen, ist gewiss sinnvoller. Am besten ist es, wenn man dem Argument „Der XY darf das doch auch" durch kluge Kontaktaufnahme mit der betreffenden Familie (z. B. bei einem gemeinsamen Elterntreff) die Grundlage entzieht.

---

28   „Vigilanz" beschreibt intellektuelle und emotionale wie physische Wachsamkeit aus Wissen und (Selbst-)Bewusstsein heraus. Das scheint dem Verfasser (Montessori-)angemessen.

Maria Montessori konnte naturgemäß zu diesem Thema noch nichts sagen. Aber sie hatte stets die komplexe soziale und kulturelle Realität der Kinder vor Augen. Sie würde heute gewiss Wege aufweisen, die es ermöglichen würden, dass das Kind durch die neuen Medien in seiner Fähigkeit zur Freiheit nicht eingeschränkt, sondern bereichert wird. Und genau das meint „digitale Vigilanz".

Die Eltern sind hier sozusagen als Teil der digitalen „Vorbereiteten Umgebung" zu sehen. Sie verantworten diese Umgebung. Pflege der digitalen Umgebung heißt hier: die Übersicht haben, im (sachlich informierten und interessierten) aufmerksamen Austausch mit den Kindern bleiben und sich von ihnen ggf. in vier Schritten (wie bei einer Montessori-Lektion) zeigen lassen, wie es geht:

* kennenlernen
* selbst erproben
* bewerten
* kompetent ins Alltagsleben übersetzen.

Gemeinsame kompetenzorientierte digitale Wachsamkeit (Vigilanz) führt im Ergebnis zu Widerstandskraft (Resilienz) gegen die „geheimen Verführer", die sich subtil ins kindliche Bewusstsein schleichen können. Diese Widerstandskraft ist das Ziel.

Erwachsen werden (12–18 Jahre)

Am Ende der zuletzt besprochenen Entwicklungsphase haben die rund 12-Jährigen, wenn alles gut gegangen ist, Kraft, Ausdauer, Energie. Sie wollen viel wissen und noch mehr können. Und sie wollen genau so akzeptiert werden, wie sie sind. Das ist es, was Montessori-Pädagogik zu Hause ihnen erlebbar macht: ein positives Selbstkonzept, Ich-Stärke, Zielorientierung und Mut. Und diesen Vorrat brauchen sie, wenn es mit der Pubertät hineingeht in eine zweite Phase der Labilität.

Pubertät als „formative Phase"

Das Jugendalter ist im Verständnis Montessoris eine zweite Phase der Labilität, eine sogenannte formative, schöpferische Periode, körperlich und seelisch wesentlich gekennzeichnet durch die Pubertät. Schöpferisch ist sie vor allem deshalb, weil neue Beziehungen und Orientierungen gesucht, gefunden und aufgebaut werden müssen.

„Wenn die Pubertät – vom Physischen aus gesehen – ein Übergang ist zwischen dem Zustand der Kindheit und dem des Erwachsenen, so ist sie, vom Psychischen her betrachtet, ein Übergang von der Mentalität des Kindes – das innerhalb der Familie lebt – zur Mentalität des Erwachsenen, der in der Gesellschaft leben muss" (Montessori 2015: 100).

Wenn man sich die *Entwicklungsaufgaben des Jugendalters* vor Augen hält und dann erkennt, dass in diese Zeit zukunftsentscheidende schulische Abschlüsse fallen, wird deutlich, vor welch großen Herausforderungen besonders die Familie steht.

Das müssen Jugendliche schaffen

- ➤ Sie müssen sich ihrer eigenen Körperlichkeit und *Sexualität* bewusst werden und deren Möglichkeiten verantwortlich wahrnehmen lernen.
- ➤ Sie müssen lernen, ihre jeweilige *Geschlechtsrolle* als Mann oder Frau wahrzunehmen und zu gestalten.
- ➤ Sie müssen *reife Beziehungen* zu Altersgenossen beiderlei Geschlechts entwickeln.
- ➤ Sie stehen vor der Aufgabe, von ihren Eltern und anderen Erwachsenen emotional und materiell *unabhängig* zu werden.
- ➤ Sie müssen sich auf eine berufliche Laufbahn vorbereiten und sie annehmen können.
- ➤ Sie müssen sich vorbereiten auf die Gründung einer eigenen Familie oder Partnerschaft in der Form, wie sie ihren Vorstellungen entspricht.
- ➤ Sie müssen klare *Regeln* für das gesellschaftliche Miteinander entwickeln, erproben, infrage stellen, aber auch einhalten lernen.
- ➤ Sie müssen sich ein Wertesystem und dementsprechend ein ethisches und moralisches Bewusstsein aufbauen.
- ➤ Sie müssen mit Leib und Seele daran arbeiten, unverwechselbar er bzw. sie selbst zu sein.
- ➤ Schließlich müssen sie ihrem Leben *Sinn* und Ziele geben und mit den eigenen Fähigkeiten versuchen, diese Ziele auch zu erreichen.

Wenn man diese Aufzählung – und sie erhebt keinen Anspruch auf Vollständigkeit – liest, kann einem als Eltern schon ungemütlich werden. Man wundert sich vielleicht auch nicht mehr, wenn die Probleme in der Familie zunehmen und es öfter mal „dicke Luft" gibt – und manchmal auch heftige Explosionen.

Weiß Montessori Rat?

„Zu diesem Zeitpunkt muss man das Studium auf die Menschheit richten, auf das menschliche Leben und besonders auf die Menschen, die geholfen haben, die Zivilisation voranzutreiben. Beim Kinde bis zu 12 Jahren musste die Natur das überwiegende Interesse bilden. Nach 12 Jahren müssen wir bei ihm das Gefühl für die Gesellschaft entwickeln, das dazu beitragen muss, unter den Menschen mehr Verständnis herbeizuführen und daraus folgend mehr Liebe.

Lasst uns zu diesem Zweck die Achtung und das Verständnis für die Arbeit und das Leben des Menschen entwickeln! Drängen wir auf praktische Arbeiten [...]! Lassen wir das Kind an mancher sozialen Arbeit teilnehmen! Helfen wir ihm intellektuellerweise durch Studien, die Arbeit des Menschen in der Gesellschaft zu ergründen, um bei ihm jenes menschliche Verstehen und jene Solidarität zu entwickeln, die heute so sehr fehlen!" (Montessori 2015: 101).

Montessori selbst zieht für die Praxis eine radikale Konsequenz: Sie lässt die Schule in ihrer klassischen Gestalt nach dem 12. Lebensjahr einfach aufhören und führt die Kinder systematisch in die gesellschaftliche Realität ein. Ihr Konzept dafür findet sich im Einzelnen im sog. „Erdkinderplan"[29] und dem dazugehörigen „Studienplan"[30].

Rolle der Eltern Für die Eltern bedeutet diese Entwicklungsphase, dass die Kommunikation in der Familie zusehends schwierig, belastet und anspruchsvoll wird. Aber auch und erst recht in der Pubertät sind wir als Eltern gefragt: unser Verständnis, unsere Kreativität, unser Rat, unsere Zurückhaltung. Die Kunst besteht darin, den Jugendlichen durch einfühlsame Wahrnehmung abzulauschen, was „bei ihnen dran ist" – und sich dann anzubieten, da zu sein, und

---

29 Dazu vgl. Meisterjahn-Knebel 2014.
30 Dieses Konzept kann hier nicht im Detail dargestellt werden. Vgl. jedoch auch dazu Meisterjahn-Knebel 2014.

das authentisch. Der entscheidende Faktor ist dabei, dass die Eltern nicht mit vorgefassten Erwartungen in die Gespräche hineingehen, sondern immer Freiheit (und damit Freiräume) einräumen und die kritische Auseinandersetzung mit den Jugendlichen suchen. Unsere Widersprüche und Fragwürdigkeit kennen sie sowieso. Und sie sind auch nachsichtig mit uns, wenn wir stark genug sind, uns unsere Schwächen einzugestehen. Wichtig ist allerdings auch, dass man selbst einen klaren Standpunkt vertritt. An dem werden sich die Söhne oder Töchter dann nämlich auch reiben können.

Es ist aber jedenfalls das Recht der nachfolgenden Generation, ihren eigenen Lebensentwurf selbst zu gestalten. Manchmal können Eltern daraus sogar auch für sich selbst noch etwas lernen.

Entwicklungsphasen – und was Eltern darüber wissen sollten

Das frühe Erwachsenenalter (18–24 Jahre)

Die Montessori-Pädagogik blickt jedoch noch weiter: In der Zeit der Reife und dem (frühen) Erwachsenenalter (18–24) erblickt Montessori wiederum eine stabile Phase. Die wesentlichen Entwicklungsaufgaben sollten bis dahin gelöst sein, oder zumindest sollte die Richtung feststehen. Jetzt, als (junger) Erwachsener, werde der junge Mensch, auch aufgrund der bereits gewonnenen sozialen und politischen Erfahrungen, dazu beitragen können, dass die Menschheit sich in Freiheit und Frieden und auch unter Berücksichtigung der ökologischen Notwendigkeiten weiterentwickeln kann.

Montessori entwickelt dazu eine Vision von einer friedlichen Weltgesellschaft, welche sie schon lange vor der Gründung der Vereinten Nationen *„nazione unica"* („die *eine* Nation") nennt.

KINDER NUTZEN IHRE ZEIT: SENSIBLE PHASEN

Ich schaff' das nicht – aber du!

„Bei Ihnen ist wohl die Frau der Mann im Hause." Unser neuer Nachbar strahlt mich so freundlich an, dass ich überhaupt keine Zeit habe, mein Gesicht zu verfinstern. Recht hat er ja. Wenn der Wasserhahn tropft, ein Fahrrad zu reparieren ist, das Auto rappelt: die Kinder rufen immer nach der Mama. Ich mag ruhig in der Nähe sein, sie holen mich nicht. „Weißt du, Papa", meinte Benedikt kürzlich schmunzelnd, „am Schreibtisch kannst du noch am wenigsten kaputtreparieren."

Bin ich denn zu dumm für so was? Unbegabt? Anders begabt?

Die Wahrheit ist: Wenn bei uns zu Hause etwas nicht funktionierte, wurde immer gleich der Handwerker bestellt. Zu meinem Spielzeug gehörte außer einem Mini-Holzhammer, einem kleinen Baukasten und einer nie benutzten Laubsäge nichts, was mich wirklich nachhaltig und ernsthaft manuelle Geschicklichkeit hätte erproben lassen – von haushaltstechnischen Erfahrungen ganz zu schweigen. Ganz anders bei meiner Frau. Unter den beiden Töchtern war sie Papas Sohn und durfte dem Tüftler und Bastler helfen, wann immer sie wollte.

Nun ja, ich könnte mir doch heute alles aus Büchern anknobeln oder bei Google suchen. Aber selbst das hilft nicht weiter: Ich versuche es – und sie schafft es.

Montessori würde unserem Nachbarn - und manchem anderen geht es ja ebenso - vielleicht helfen können, seine Probleme zu verstehen; sie würde vielleicht sagen: „Hätten Sie zum richtigen Zeitpunkt in Ihrem Leben (als Kind) die Möglichkeit gehabt, all dies aus Interesse und freiem Willen zu tun, Sie könnten sich heute manche Mühe ersparen." — Zeitfenster

In mancher Biografie ist offensichtlich zu einem wichtigen Zeitpunkt etwas versäumt worden.

Eine entscheidende Entdeckung

Eine der wichtigsten Entdeckungen Maria Montessoris sind die sog. „sensiblen Phasen", begrenzte „Zeitfenster" in der kindlichen Entwicklung für die Aneignung bestimmter Kompetenzen: *„Es handelt sich um besondere Empfänglichkeiten, die in der Entwicklung, d. h. im Kindesalter der Lebewesen auftreten. Sie sind von vorübergehender Dauer und dienen nur dazu, dem Wesen die Erwerbung einer bestimmten Fähigkeit zu ermöglichen. Sobald dies geschehen ist, klingt die entsprechende Empfänglichkeit unwiderruflich ab. So entwickelt sich jeder Charakterzug aufgrund eines Impulses und während einer eng begrenzten Zeitspanne"* (Montessori 2017: 93).

Aufschlussreich ist, wie Montessori zu dieser Erkenntnis gekommen ist. Sie hatte die Studien des niederländischen Biologen de Vries (1848–1935) gelesen, der folgende Beobachtung gemacht hatte: Eine bestimmte Schmetterlingsart braucht während ihrer ersten Lebenstage (als Raupe) die zarten Blattspitzen des Baumes als Nahrung. Der Schmetterling legt seine Eier aber am Stamm ab. Wie findet die Raupe also die lebenswichtige Nahrung?

De Vries hatte herausgefunden, dass die Raupen für die kurze Zeit, in der sie diese Blattspitzen zur Ernährung brauchen, mit einer besonderen Lichtempfindlichkeit ausgestattet sind, die sie mit unbeirrbarer Sicherheit zu den Blattspitzen am Ende der Zweige leitet. Brauchen sie aber diese Nahrung nicht mehr, verlieren sie diese besondere Sensibilität wieder.

"sensible Phasen"

Montessori fragt sich nun, ob es diese Phasen besonderer Sensibilität, diese Zeitfenster für Reifung und Entwicklung, nicht auch beim Menschen geben könne. Und wie findet sie die Antwort? Nicht durch Theoriebildung am Schreibtisch, sondern durch unermüdliches systematisches Beobachten von kindlichem Verhalten.

So kommt sie tatsächlich zu der Erkenntnis, dass es diese einmaligen und irreversiblen Reifungsangebote der Natur auch beim Menschenkind gibt.

Kennt man diese Angebote, dann muss man den Kindern solche Bedingungen schaffen, dass sie das Angebot der Natur annehmen können. Ist eine „sensible Phase" allerdings verpasst, kann das Kind sie nur noch mit großer Mühe nachholen. Die Energie, die es dann aufwenden muss, um dasselbe zu lernen, ist ungleich höher, und der Erfolg ist nicht garantiert.

Es muss also für alle Pädagogen – natürlich und besonders auch für die Eltern – von herausragendem Interesse sein, zu wissen, welche Fähigkeiten in welchem Lebensabschnitt mühelos erworben werden können.

Ein Frühwarnsystem für Eltern

Also brauchen wir Eltern gewissermaßen ein Frühwarnsystem, das uns auf den Beginn oder das Vorhandensein einer sensiblen Phase aufmerksam macht. Und auch dabei kann Montessori weiterhelfen.

Das Auftreten von Sensibilitäten äußert sich nämlich durch beobacht-bare Bedürfnisse des Kindes. Energien werden aktiviert, und wie mit einem Suchscheinwerfer bündelt das Kind seine Wahrnehmung und seine Aktivi-täten auf dasjenige hin, was jetzt gerade „dran" ist. Das Kind sucht nach dem, was ihm hilft, sich die Fähigkeiten und Kompetenzen anzueignen, die es jetzt und nur jetzt so leicht erwerben kann.

Merkmale

Auf diese zwei Anzeichen sollten Eltern achten:

Achtung – sensible Phase!

1. Das Kind sucht voller Energie, geradezu auffällig, nach einer be-stimmten Aktivität, einem Objekt, einer Erfahrung in seiner häusli-chen Umgebung. Und wenn es etwas Passendes gefunden hat, dann vertieft es sich hingebungsvoll in seine Tätigkeit. Es ermüdet nicht, und nach einer gewissen Zeit, die es selbst bestimmt, kommt es mit spürbarer Freude zurück.
2. *„Aber es gibt auch andere, weit augenfälligere Anzeichen negativer Art. Sie treten dann auf, wenn sich in der Umwelt dem inneren Funk-tionieren ein Hindernis entgegenstellt. Das Vorhandensein einer Empfänglichkeitsperiode kann dann heftige Ausbrüche und eine Ver-zweiflung bewirken, die wir für grundlos halten und daher Launen nennen. Launen sind [in diesem Zusammenhang, d. Verf.] der Aus-druck einer seelischen Störung [...] Sie stellen einen Versuch der Seele dar, das ihr Zukommende zu fordern!"* (Montessori 2017: 96).

Diese Feststellung Montessoris kann für Eltern hilfreich sein: Ihr Kind will nicht „unerzogen" sein. Ihm fehlt nur etwas – und es macht auf seine Weise darauf aufmerksam.

Stimmt die Umgebung jedoch, dann kommt es zur Passung: „Sensible Phase" und „Vorbereitete Umgebung" entsprechen einander – zum Nutzen und zur (sichtbaren) Freude des Kindes. Dem Kind geht es gut, weil es lernen darf, was es gerade besonders gut lernen kann, und weil dies mühelos und ohne Druck von außen geht.

Kompetenz

So werden Kinder stabil, selbstbewusst und kompetent. Und das gilt grundsätzlich für jedes Alter.

Es ist deshalb nützlich, wenn Eltern um die wichtigsten Merkmale der einzelnen sensiblen Phasen wissen. Deshalb sollen sie hier eingehender beschrieben werden für die Zeit, die den Eltern das meiste abfordert, nämlich die ersten drei Lebensjahre.

Sensibilitäten der ersten drei Lebensjahre[31]

1. Ordnung

Familie Butz ist umgezogen. Man brauchte schließlich eine größere Wohnung. Nun ist es da, das Baby. Acht Monate lebte es noch in der alten Wohnung. Und jetzt kommt er endlich – der Umzug.

Alle freuen sich, so scheint es. Eine größere Küche, ein geräumiges Bad – und selbstverständlich ein helles und liebevoll eingerichtetes Kinderzimmer. Paul, gerade acht Monate alt, darf jetzt endlich sein größeres Zimmer beziehen. Die Umzugstage hat er bei der Oma verbracht. Jetzt soll er sein Zimmer genießen können.

Aber Paul, eigentlich ein sonniges, ruhiges Gemüt, hat völlig unerwartet massive Einschlafstörungen. Woran mag das wohl liegen?

Die Fenster, sie sind jetzt auf einer anderen Seite. Die Tür zum Flur, sie ist jetzt aus Glas. Heller sind die Räume und höher. Und auch wenn er von unten nach oben schaut, ist alles ganz anders. Sein Bettchen steht an einer Wand, die er noch nie gesehen, nie gerochen hat. Ja, es riecht alles ganz anders als bisher. Das wühlt innerlich auf. Seine kleine Welt stimmt plötzlich nicht mehr. In Unordnung ist sie für ihn geraten. Das ist nicht mehr seine Welt. Er kann einfach nicht einschlafen.

Sicher, Paul wird sich mit der Zeit an die neue Umgebung gewöhnen. Aber wieder neue Änderungen sollte es so bald möglichst keine mehr geben.

---

31 Eine systematische und anschauliche Skizze zu den sensiblen Phasen nach Montessori findet sich auch bei Holtstiege 2000, 68–92.

Ein wesentliches *Merkmal der ersten drei Lebensjahre* ist die *sensible Phase für Ordnung.*

In dieser bedeutsamen Lebensphase muss seine kleine Welt für das Kind immer gut geordnet und zuverlässig sein. Das kleine Kind sucht und findet Ordnung – und zwar grundsätzlich, nicht nur in seinem Zimmer. Verantwortlich dafür sind aber immer die Eltern.

Zuverlässigkeit

Vom Erwachsenen wird später erwartet, dass er sich in Ordnungssystemen zurechtfindet und sich mit ihnen auseinandersetzt, um sie möglicherweise weiterzuentwickeln. Diese lebensbedeutsame Fähigkeit wird in den ersten drei Lebensjahren grundgelegt.

„Für das Kind ist die Ordnung das, was für uns der Boden ist, auf dem wir stehen, was für den Fisch das Wasser ist, in dem er schwimmt. Im frühen Kindesalter entnimmt der Menschengeist seiner Umwelt die Orientierungselemente, deren er für seine späteren Eroberungen bedürfen wird" (Montessori 1952: 83 = Montessori 1987: 64 = Montessori 2009: 87).

Ordnung: Montessori-Impulse für zu Hause

➤ Wir bieten unserem Kind eine überschaubare, zuverlässige Schlaf- und Spielumgebung. Dabei achten wir darauf, dass die Gegenstände im Raum einen festen Platz haben.

➤ Die Menge der Spielsachen bleibt überschaubar. Wir halten lieber etwas zurück, als dass wir ohne Not ein Spielzeug aus der Umgebung entfernen, um es durch ein anderes zu ersetzen.

➤ Unser Alltag hat klare Abläufe, die sich zuverlässig wiederholen. Es gibt morgens Begrüßungs- und abends Gute-Nacht-Rituale. Dabei berücksichtigen wir auch unseren eigenen Zeithaushalt.

➤ Wir beobachten, ob unser Kind eigene Ordnungsmuster entwickelt. Diese setzen wir dann nicht ohne Grund außer Kraft.

➤ Wir sind uns bewusst, dass die sensible Phase für Ordnung auch zu Ende geht. Dann lassen wir zu, dass das Kind seine eigenen Ordnungskategorien entwickelt (mit deren Konsequenzen es dann auch leben muss).

➤ Wir schreiten, wo es nötig ist, behutsam korrigierend ein. Aber Regeln, die einmal festgelegt worden sind (z. B.: kein neues Spielzeug holen, solange das alte noch irgendwo herumliegt) setzen wir (miteinander) durch.

➤ Wird das Kind frühzeitig in die Kinderkrippe gebracht, sollte man darauf achten, dass die Ordnungsgrundsätze, die dort gelten, mit den in der Familie üblichen zusammenpassen. Was wir zu Hause nicht zulassen, sollte in der Krippe nicht ganz anders gehandhabt werden. (Ggf. sollte man mit den Verantwortlichen in der Krippe über dieses Thema sprechen.)

➤ Wir erheben Ordnung nicht zum Prinzip an sich. Uns ist wichtig, dass unser Kind mit der psychischen Grunderfahrung ausgestattet ist: Meine Welt ist in Ordnung, ich lebe gerne darin (vgl. Steenberg 2014b: 139).

Die äußere Ordnung ist eine Voraussetzung der inneren Ordnung. Deshalb impliziert die von Montessori geforderte Zuverlässigkeit in der Umgebung und in den Beziehungen gleichzeitig auch, dass das Kind ermutigt und zum forschenden Handeln angeregt wird. Dabei wächst im Kind das Bewusstsein: Zwischen den Dingen und mir, zwischen den Menschen und mir gibt es Beziehungen, und in diesen Beziehungen kann ich gesichert leben. Auf diese Weise entwickeln sich Selbstbewusstsein und Selbstvertrauen.

2. Bewegung

Oh je – du fröhliche
Der Christbaum steht in voller Pracht. Unser Besuch bringt ein Kind im Krabbelalter mit. Nun beginnt ein Kampf: Verteidigung des Christbaums gegen das Kind. Fasziniert vom Glitzern krabbelt es auf den Baum zu. Sein Forscherhändchen greift nach den Kugeln. Da reißen die rettenden Arme der Mutter es hoch – und das Kind weiß nicht, wie ihm geschieht. Wenn es nach ihm ginge, würde es wieder und wieder hinkrabbeln, zugreifen und zu begreifen versuchen.
Aber die Mutter nimmt es auf den Schoß und hält es fest, gegen seinen Willen.
Der Nachmittag wird für alle zum Stress – zwischen Christstollenkrümeln und Kleinkindgeschrei.
Am zweiten Weihnachtstag kam die Familie wieder zu Besuch. Und das Kind durfte sich frei bewegen: dank des Laufstalles – in dem sich nunmehr der Christbaum befand.

Montessori fordert die *freie Wahl der Bewegung* – unabhängig vom Alter und den äußeren Bedingungen. Für sie handelt es sich dabei um so etwas wie ein Grundrecht des Babys.

„Um gesund zu sein, müssen Lungen, Magen und Herz funktionieren. Warum wird nicht die gleiche Regel für das Relationssystem der Nerven angewandt? Wenn wir Gehirn-, Sinnes- und Bewegungsorgane haben, müssen diese funktionieren, auf jedem Gebiet geübt werden, und keines darf ausgelassen werden. [...] Die Bewegung getrennt von den höheren Funktionen zu betrachten ist einer der Irrtümer der modernen Zeit. Man ist der Meinung, dass die Muskeln nur dazu dienen, den Körper bei bester Gesundheit zu erhalten. [...] Wenn wir das körperliche und das geistige Leben getrennt betrachten, so unterbrechen wir den Zyklus der Beziehungen, und die Handlungen des Menschen bleiben vom Hirn getrennt.

Bewegung und Geist

Der wahre Sinn der Bewegung liegt also nicht in der Förderung einer besseren Ernährung und Atmung, sondern muss dem gesamten Leben [...] dienen.

Die geistige Entwicklung kann und muss durch die Bewegung unterstützt werden. Ohne sie gibt es in Bezug auf den Geist weder Fortschritt noch Gesundheit" (Montessori 1972a: 128f).[32]

Auch in dieser Hinsicht hat Montessori die Ergebnisse der neueren Lernforschung und Persönlichkeitstheorie vorweggenommen. Bewegung und Psyche stehen für sie in einem untrennbaren Zusammenhang und in einem notwendigen Wechselspiel.

Jeder Erwachsene, der Bewegungseinschränkungen erlebt hat (beispielsweise mit einem eingegipsten Arm) kann dies leicht nachvollziehen. Montessori macht nachdrücklich darauf aufmerksam, dass dieses Ineinander und Zueinander von körperlichem Sich-bewegen-Können und psychischem Wohlbefinden ganz wesentlich ist für den Aufbau einer stabilen Persönlichkeit. Und das ist nichts anderes als das, was Psychologen als "Ganzheitlichkeit" oder "Integration aller Funktionen" beschreiben. Die intellektuelle und kognitive Entwicklung hat also psychomotorische Grundlagen – und umgekehrt.

Ganzheitlichkeit

Wer sich bewegt, muss "in der Waage" sein, sonst verliert er das Gleichgewicht. Wer also mit sich selbst nicht im Gleichgewicht ist, lebt unausgewogen. Und das gilt psychisch ebenso wie physisch.

Montessoris Anliegen ist es, planvoll und bewusst eine seelische Ausgewogenheit und Ausgeglichenheit beim Kind zu ermöglichen. Dazu nimmt sie Eltern und Pädagogen in die Pflicht. Der Weg dahin ist mühsam, und er kann nicht zum Ziel führen, ohne dass dem Kind die Freiheit des Ausdrucks gewährt wird. Wer anders als die Erwachsenen hat die Macht und die Möglichkeit, hier ermöglichend (oder evtl. eben auch verhindernd) einzuwirken?

---

32 Hervorhebung vom Verf.

Bewegung: Montessori-Impulse für zu Hause

➤ Vermeiden Sie es, sich in die Situation zu bringen, dass Sie Ihre Wohnung gegen Ihr Kind verteidigen müssen. Sollte das aber doch der Fall sein, überprüfen Sie die Einrichtung (ganz unverkrampft) auf ihre Kindertauglichkeit hin.

➤ Analysieren Sie die Fehlerquellen und Gefahrenquellen in der Umgebung: scharfe Kanten und Ecken, Stromverbindungen, Schubladen in der Küche, die so viel Widerstand leisten, dass das Kind sie nicht so leicht öffnen kann, usw. Nun haben gerade Schubladen einen besonderen „Aufforderungscharakter" für kleine Kinder: aufziehen – hineingreifen – aus- und wieder einräumen usw. Daher liegt es nahe, die Inhalte der Schubladen von der untersten bis zur obersten gewissermaßen nach ihrem „Problemgehalt" zu sortieren. Ganz oben ist das, was *nicht* in die Hand eines Babys oder Kleinkindes gehört. Man muss also nicht mit Verboten oder Zorn reagieren oder in ständiger Angst leben, wenn man die Schubladeninhalte einfach anders organisiert.

➤ Helfen Sie Ihrem Kind, „handlungsfähig" zu werden. Dies gelingt, wenn Sie der suchenden, tastenden, greifenden Hand des Kindes angemessene „Handlungsobjekte" zur Verfügung stellen.[33] Die Hand ist für uns Menschen (wie Montessori immer wieder betont) das bedeutendste Werkzeug des Geistes.

➤ Richten Sie Ihre Wohnung so ein, dass Ihr Kind sich in ihr auch ohne Aufsicht gefahrlos bewegen kann: Sie können (und müssen) das Kind nicht immer im Auge haben. Und Sie können (und müssen) nicht verhindern, dass es kleine Unfälle gibt. Bleiben Sie deshalb entspannt: Beulen sind kaum zu vermeiden. (Wunden sollte es aber möglichst keine geben.)

➤ Entscheidend ist, dass das Kind sich in seinem Lebensumfeld sicher und geborgen weiß. Schmerzhafte Lernerfahrungen verlangen nach behutsamer Zuwendung. (Wie trösten Sie?)

---

33 Vgl. auch die Hinweise zu den Spielzeugen S. 118 ff.

- Wenn etwas „schiefgeht" (das Kind übergibt sich auf dem wertvollen Teppich) wird nie geschimpft oder mit Schuldzuweisungen gearbeitet. Das Kind versteht es nicht, der Schaden wird nicht geheilt – und stattdessen können Ängste aufgebaut werden, die Ihr Kind unsicher machen können.
- Wenn Ihr Kind krabbeln kann, sollte es Krabbelobjekte (wie kleine Bänkchen, einen kleinen, aber niedrigen Tisch, einen kleinen Tritt) zur Verfügung haben. Daran kann es sich erproben. Bleiben Sie aber zunächst in der Nähe.
- Bei Spaziergängen geht das Kind gerne an der Hand. Wer bestimmt das Tempo? Das Schiebedreirad ist dann nützlich, wenn die Eltern es eilig haben. Eigentlich dient es aber dem Muskelaufbau des Kindes. Wer passt sich wem an und warum?
- Kinder lieben das Balancieren. Lassen Sie kein Mäuerchen aus.
- Geben Sie sich Rechenschaft über Ihre eigenen Ängste. Natürlich könnte Ihrem Kind etwas passieren. Es wird auch klettern – und dabei kann es herunterfallen. Finden Sie das rechte Maß zwischen Überbehütung und angemessener Gewährung von Sicherheit. Überbehütung verhindert Selbstständigkeit, sie macht das Kind immobil und instabil (auch psychisch).
  Denn: *„Leben ist Bewegung!"*

3. Sprache

Carina ist zwei Jahre alt. Sie besucht eine Montessori-Kinderstube. Allerdings spricht sie kaum, und das, was sie sagt, ist schlecht artikuliert. Die Mutter, darauf angesprochen, meint nur: Carina sei eben ein Spätentwickler. Das werde schon noch kommen. Aber dann stellen wir fest, dass Carina die feinen Töne der Montessori-Geräuschdosen[34] nicht wirklich wahrnehmen kann. Was die Mutter zunächst nicht irritiert hat, ist tatsächlich ein Alarmsignal.

---

34 Zu diesem Material vgl. S. 22 f.

Ein 2-jähriges Kind muss in der Lage sein, feine Unterschiede zwischen Geräuschen wahrzunehmen. Ist dies nicht der Fall, kann eine Beeinträchtigung des Gehörapparates vorliegen.

Wer weiß, dass das erste Lebensjahr von entscheidender Bedeutung für den Sprachaufbau ist, wird angesichts eines Befundes wie im obigen Fallbeispiel in Sorge geraten. Noch bevor das Kind die erste Silbe artikulieren kann, hat es überaus intensiv alle Geräusche um sich herum wahrgenommen, und dies auch schon im Mutterleib.[35]

Montessori hat als Medizinerin vieles über den frühkindlichen Spracherwerb gewusst – und darüber hinaus noch manches eher vermutet. Der Aufbau der Sprache – das war ihr bewusst – ist in erster Linie ein Prozess, der über das Gehör beginnt, und zwar lange bevor das Kind die ersten Töne selbst artikulieren kann.

Hören

Montessori vergleicht den Spracherwerb mit der Fotografie: „*Im Dunklen wird fixiert, und dann kann das Bild endlich ans Licht kommen und ist* unveränderlich. *Dasselbe geschieht beim psychischen Mechanismus der Sprache des Kindes. Er beginnt in der Dunkelheit des Unbewussten zu wirken, dort entwickelt er sich, fixiert sich, und dann offenbart er sich*“ (Montessori 1972a: 104).

Mag das Kind auch noch nichts sprechen, noch nicht einmal lallen, es vernimmt bis in die Feinheiten hinein alles Sprachliche um sich herum. Es saugt dieses gleichsam in sich hinein, verarbeitet es, nimmt Strukturen auf, zuerst ganz unbewusst, dann stufenweise differenzierter, und kann in dieser Phase noch alle Sprachen der Welt mühelos erlernen. Dann kommt der Tag des ersten Lallens, der ersten Silbe, ihrer Verdopplung, des ersten Wortes, des Ein-Wort-Satzes – bis hin zu dem, was Montessori „Explosion der Worte“ und später „Explosion der Sätze“ nennt.

Aufbau von Strukturen

Eindringlich fordert Montessori die Erwachsenen auf, für das Kind eine behutsam und verantwortungsvoll wirkende *Sprachumgebung* zu sein. Und was ist der Sinn?

„*Die Sprache verursacht jene Veränderung der Umwelt, die wir als Zivilisation bezeichnen. [...] Das Instrument, das ein gegenseitiges Verstehen ermöglicht, ist die Sprache – Mittel gemeinsamen Denkens*“ (Montessori 1972a: 100).

---

35 Vgl. S. 22 f.

Die Eltern sind die erste Sprachumwelt des Kindes. Ihre Artikulation, ihre Grammatik, ihre Betonung und ihr Wortschatz: dies alles wird vom Kind aufgenommen, und es konstruiert daraus das Gerüst seiner eigenen Sprache. Die Sprachkultur der Familie ist die Basis der kindlichen Sprachkompetenz für alle Zukunft.

Sprachkultur

Was später dazukommt, wenn diese sensible Phase vorbei ist, ist immer mit erheblich größerer Mühe verbunden – beispielsweise das spätere Erlernen einer oder mehrerer Fremdsprachen.

Was ist aus Carina geworden? Ein frühzeitiges Echo-Screening hätte die Hörprobleme rechtzeitig diagnostiziert. Jetzt ist die Logopädin dran. Und alle erleben, wie mühevoll es ist, eine nicht erfüllte Sensibilität nachzuholen.

Sprache: Montessori-Impulse für zu Hause

➤ Sprechen Sie in angemessenem Tempo zu Ihrem Säugling und Ihrem Kleinkind, auch wenn es Ihnen noch nicht mit Worten antworten kann.

➤ Begleiten Sie das, was Sie mit dem Kind tun, mit Worten (z. B. beim Wickeln: „So, jetzt creme ich dir den Popo ein. Nicht wahr, das magst du gerne."). Auch wenn Sie meinen, es versteht Sie noch nicht – das ändert sich bald.

➤ Lesen und Vorlesen ist immer auch Mitlesen. Das Kind sollte dabei in Ihrer Nähe sein, auf Ihren Knien oder Ihrem Schoß sitzen oder neben Ihnen. Achten Sie dabei auch auf den Lichteinfall. Beim Bilderbuch sollten Sie lange bei den einzelnen Bildern verweilen. Das Kind selbst wird Ihnen zeigen, wenn es sich sattgesehen hat. Grundsätzlich gilt: Am Anfang wenig reden, aber klar und deutlich, und Pausen lassen.

➤ Sie beobachten, wie das Kind sich müht, Ihnen etwas mitzuteilen. Das Mitteilen-Wollen und das Mitteilen-Können klaffen auseinander. Das kann bisweilen Verzweiflung hervorrufen. Sie sind also der Interpret des Kindes – versuchen Sie zu erfassen, was es sagen möchte, und bieten Sie ihm eine mögliche Formulierung an. Wenn es dann bejahend nickt oder freudig reagiert, sehen Sie, dass Wort und

Begriff (Sache oder Sachverhalt) in seinem Bewusstsein schon zusammengehören. Es braucht aber noch Zeit, bis dieser Wort-Schatz (!) auch aktivierbar ist. Sprache entwickelt sich aus dem Hören. Und das Hören führt in Verbindung mit der bezeichneten Sache oder dem bezeichneten Vorgang zum Verstehen – und beides wird dann an der für das Hörverstehen zuständigen Stelle im Gehirn gespeichert. Die Artikulierung von „Sprechakten" ist aber natürlich auch sehr eng mit der Ausbildung der „Sprechwerkzeuge" verbunden.

➤ Ihr Kind hat eine erste große Prüfung bestanden, wenn es merkt: Die Eltern verstehen, was ich ihnen sagen will. Zeigen Sie Ihre Freude.

➤ Nutzen Sie CDs oder DVDs im Kinderzimmer? Da wird in der Regel klar artikuliert. Andererseits: Auch eine professionelle Stimme kann nie die der Mutter oder des Vaters ersetzen. Und Sie sollten immer selbst gehört haben, was dort gesprochen wird.

➤ Wie viele Reime, wie viel Fingerspiele (und seien sie auch von „früher") kennen Sie? Informieren Sie sich und lernen Sie elementare Reime und Fingerspiele. Ihr Kind wird dankbar sein.

➤ Wenn das Plappern der Silben und die Explosion der Worte beginnt, kann es durchaus anstrengend werden, denn das Kind ist kaum noch zu bremsen in seinem Mitteilungsbedürfnis. Diese Phase ist jedoch notwendig für seine Persönlichkeitsentwicklung. Versuchen Sie, die Nerven zu behalten. Manches lässt sich besser mit Humor ertragen – und manche kindlichen Wortschöpfungen sind ja wirklich witzig.[36]

Die Sensibilitäten für Ordnung, Sprache und Bewegung sind maßgebend für die ersten Lebensjahre. Sie wirken auch weiter bis ins Schulalter hinein. Montessori erwartet von den Eltern engagierte Begleitung, Ermutigung und Struktur. Das Kind arbeitet intensiv an sich selbst. Es *will*. Und es befindet sich auf einem Weg, der es fähig macht, zu gehorchen und dabei es selbst zu bleiben.

Rolle der Eltern

---

36 Ein Beispiel: Tom (5) lässt einen Pups. Und er ruft in die Runde: „Achtung! Ich habe gebläht."

4. Gehorsam und Disziplin

„Gib der Tante das brave Händchen." – „Willst du nicht artig sein?" – „Was ein Häkchen werden will, krümmt sich beizeiten." – „Man muss frühzeitig gehorchen lernen, sonst lernt man es nie." – „Ein kleiner Klaps zur rechten Zeit hat noch niemandem geschadet."

Spricht heute noch jemand so? Wohl eher selten. Vielleicht ist es eher so, dass Außenstehende (oder auch Großeltern) klagen: *„Der tanzt dir doch auf dem Kopf herum!"* – *„Man darf seinem Kind nicht alles durchgehen lassen."* – *„Der benimmt sich ja wohl völlig unmöglich."* – *„Bei denen findet Erziehung wohl gar nicht statt!"* – *„Man muss manchmal auch hart sein."* Ja, die Sprüche oben sind vielleicht „out", aber über „ungezogene, verwöhnte, unerzogene, chaotische Kinder", die „nicht hören wollen", beklagen sich nicht nur Erzieher und Eltern. Was tun?

Viele Eltern waren gekommen. Sie wollten ein „Montessori-Rezept" als Antwort auf ihre Frage: *„Wie bekomme ich ein braves Kind?"* – Brav, artig, gehorsam, aber auch durchsetzungsfähig, mutig, stark: Ist das vereinbar, oder sind das Widersprüche? Und kann man erziehen ohne Strafe?

Gehorsam?

Bevor die Eltern (und natürlich auch die Erzieher oder Lehrer) von einem Kind Gehorsam verlangen, muss man sich erst einmal darüber klar werden, ob es psychisch und physisch überhaupt in der Lage ist, dem zu entsprechen, was Eltern und andere Erwachsene in einer konkreten Situation unter Gehorsam verstehen.

„Oft glauben wir – und hier liegt ein weiteres Vorurteil – es genüge zu fordern, wenn man vom Kind eine freiwillige Handlung erhalten will. Wir verlangen, dass dieses Phänomen auftritt, und nennen die Forderung den Gehorsam des Kindes. Wir halten besonders kleine Kinder für ungehorsam; ihr Widerstand im Alter von drei oder vier Jahren ist so groß, dass er uns entweder zur Verzweiflung treibt oder dass er uns darauf verzichten lässt, uns Gehorsam zu verschaffen. [...]

Die Illusion, entweder durch Bitten oder Befehle oder durch Erregung und Zorn das zu verlangen, was sich sicher so ohne weiteres gar nicht erreichen lässt, ist allgemein verbreitet. So fordern wir von den Kindern Gehorsam, und diese fordern den Mond" (Montessori 2010a: 365).

Mit feiner Ironie („Mond") legt Montessori den Finger in die Wunde: *Wie soll ein Kind gehorsam sein, wenn es dies will, aber noch gar nicht kann?* Manche Eltern verwenden in den ersten Jahren viel zu viel Kraft darauf, ein gehorsames Kind zu bekommen. Den Kindern ihrerseits geht es genauso. Sie lieben Mama und Papa doch. Und sie tun alles, damit sie auch geliebt werden. Sie wollen ja gerne gehorsam sein. Aber in ihrem Bemühen verkrampfen sie und werden in ihrer Persönlichkeit gekrümmt, sie werden ängstlich, mutlos und schüchtern, wenn sie vor schier unerfüllbare Gehorsamsforderungen gestellt werden (die dann oft auch noch vom Zorn und Unverständnis der Eltern begleitet sind).

Persönlichkeitsbildung

„*Um zu gehorchen, genügt es nicht dies zu wollen, man muss es auch können*", stellt Montessori nüchtern fest (Montessori 2010a: 366).

Wo liegt der Schlüssel zum Erfolg? „*Gehorsam lässt sich jedoch nur durch eine komplexe Bildung der psychischen Persönlichkeit erreichen. [...]*

Kinder nutzen ihre Zeit: Sensible Phasen

Der Gehorsam schließt also die Bildung des Willens und des Verstandes mit ein!" (Montessori 2010a: 354).

Mit Blick auf die ersten sechs Lebensjahre weist Montessori auf *drei Phasen der Bildung des Willens* hin. In diesen Phasen kann das Kind jeweils unterschiedliche Gehorsamsleistungen erbringen.

drei Phasen

In einer *ersten* Phase ist das Kind aktiv, führt aber eine (durchaus richtige) Handlung eher aus dem Unbewussten heraus aus. Hier auf Befehle zu setzen und ein bestimmtes Verhalten zu fordern ("Jetzt mach aber endlich ins Töpfchen"), wäre unsinnig. Das Kind ist gewissermaßen psychisch taub. Es hat zu den Befehlen offenbar einfach keine Beziehung. Wenn etwas als Gehorsam erscheint, so wird das eher von den Erwachsenen in das Kind hineininterpretiert. Auch Lob ist in solchen Situationen wenig wirksam.

In einer *zweiten* Phase wirken Wille und Bewusstsein bereits miteinander. Das Kind möchte jetzt gerne gehorchen, es versteht bereits, was man von ihm will, und es strengt sich auch an. Manchmal gelingt es ihm, manchmal aber auch nicht. Das stellt es oft selber fest, und es gefällt ihm nicht. Darum zeigt es auch keine echte Freude am Gehorchen. Hier ist *Ermutigung* angesagt ("Das kriegst du schon hin!"). Dies stärkt das Kind, es immer wieder und wieder zu versuchen.

In einer *dritten* Phase kann schließlich der Wille das eigene Handeln leiten und auch Befehlen und Aufforderungen von außen entsprechen. Erst jetzt ist echter Gehorsam möglich. Das Kind kommt einer Aufforderung vielleicht sogar mit Freude nach, ja es wiederholt die Gehorsamsleistung, wenn es von der Sache her möglich ist, sogar mehrfach. Hierbei sollten sich die Eltern wirklich mitfreuen ("Ja, prima, wie du das geschafft hast!").

Die Bejahung von gehorsamen Verhaltensweisen aufgrund von Lernen, Erfahrung und persönlicher Zustimmung nennt Montessori Disziplin.[37]

"Um Disziplin zu erhalten, ist es ganz nutzlos, auf Tadel, auf überzeugende Reden zu vertrauen. Bei diesen könnte vielleicht zu Anfang die Illusion

---

37 Die Begriffe Gehorsam und Disziplin werden bedauerlicherweise oft durcheinandergebracht. Montessori unterscheidet sehr klar: „Wir nennen einen Menschen diszipliniert, wenn er Herr seiner selbst ist und folglich über sich selbst gebieten kann, wo es gilt, eine Lebensregel zu beachten" (Montessori 2010a: 62).

entstehen, sie seien bis zu einem gewissen Grad wirksam, doch kaum tritt die wirkliche Disziplin in Erscheinung, fällt all dies sehr schnell kläglich in sich zusammen" (Montessori 2010a: 354).

Montessori unterscheidet zwischen *innerer* und *äußerer* Disziplin. Wenn ein Kind beispielsweise aus Angst vor Strafe etwas tut oder lässt, dann ist dies das Ergebnis einer von außen erzwungenen Disziplin und nicht seiner eigenen Überzeugung. Diese äußere Disziplin erzeugt eine Unaufrichtigkeit in Gefühl und Verhalten. Das Kind lehnt sich möglicherweise dagegen auf, dass es etwas, was es nicht tun will, tun muss, um nicht bestraft zu werden. Dies kann ein erster Schritt zur Verhaltensauffälligkeit sein. Bedrohlich für die Persönlichkeit ist es aber auch, wenn eine erzwungene Unterwerfung zum Dauerzustand wird. Dann haben wir Duckmäuser herangezogen. Und das widerspricht dem pädagogischen Ziel der Einübung in den verantwortlichen Umgang mit Freiheit, wie die Montessori-Pädagogik sie anstrebt.

„Die [innere, d. Verf.] Disziplin lässt sich also auf indirektem Wege erreichen, und zwar durch Entfaltung der Tätigkeit bei spontaner Arbeit. Jeder muss die Möglichkeit finden, sich in sich selbst und in ruhiger und stiller Tätigkeit zu sammeln, deren Ziel nicht äußerlich ist" (Montessori 2010a: 354).

Disziplin im Sinne Montessoris ist also kein Diktat, sondern muss erworben werden auf einem Weg, der nicht unbegleitet sein darf. Das ist nicht selten ziemlich anstrengend für alle Beteiligten.

Ein Gehorsam, der sich vor der Vernunft verantwortet und in Freiheit eingeübt wird, wird durch eine Disziplin begründet, welche man in zunehmender Selbstverantwortung eingeübt hat. Das Kind hat erlebt, was die Sache von ihm verlangt, um zum Ziel zu kommen – und es folgt. Und das Kind hat erlebt, dass es Interessen auch bei anderen gibt und dass es für beide Seiten am besten ist, die Interessen auszugleichen. Insoweit grenzt Montessori Gehorsam von Disziplin deutlich ab: *„Gehorsam bedeutet Zustimmung der Persönlichkeit, bedeutet die Möglichkeit, folgen zu können"* (Montessori 1965: 17f).

Dies gilt für die Praxis in Montessori-Einrichtungen, und es gilt erst recht für alle Beziehungen in der Familie (und natürlich auch darüber hinaus).

Disziplin

Montessori-Impulse für eine Gehorsamserziehung zu Hause

➤ Wir erwarten von unserem Kind nichts, von dem wir nicht wissen, ob es das auch wirklich erfüllen kann.

➤ Wir vergleichen die Gehorsamsleistung nie mit den Gehorsamsleistungen anderer gleichaltriger Kinder, um daraus ein Urteil über unser eigenes Kind abzuleiten.

➤ Wenn unser Kind versucht, etwas hinzubekommen, und sich dabei anstrengt, aber versagt, freuen wir uns über die Anstrengung und sind nicht traurig darüber, dass es noch nicht gelungen ist.

➤ Das von uns ausgesuchte Spielzeug[38] hilft dem Kind, über das Spiel erfolgreich Sachgehorsam zu erproben.

➤ Uns ist klar: Erfolgreiches Gehorchen – wenn Wille und Körper dazu nach einiger Zeit in der Lage sind – braucht unsere Bestätigung. Auf diese Weise wird die Persönlichkeit gestärkt. Wichtig ist, dass die Gehorsamsleistung freiwillig erbracht wurde.

➤ Befehlsgehorsam („Und du machst das jetzt!") setzt die Erfahrung von Willen und Gegenwillen voraus. Wichtig ist in solchen Fällen durchdachte Konsequenz, aber in dieser frühen Phase niemals ein vergeltendes Strafen. Die Erprobung des eigenen Willens gehört zur Persönlichkeitsbildung.

➤ Eine frühkindliche Gehorsamskultur (etwa ab dem dritten Lebensjahr) hilft darauf vorzubereiten, dass es Notwendigkeiten gibt, die unumgänglich den eigenen Gehorsam verlangen.

➤ Unser Ziel ist es, dass das Kind über Sach- und Beziehungsgehorsam zu einer bejahten, inneren Disziplin fähig wird.

Bei alldem versteht es sich, dass dieser Weg im Prinzip von allen Familienmitgliedern zu beschreiten ist. Kinder lernen am besten am Vorbild.

---

38 Zu den Kriterien vgl. S. 118 ff.

Ist Montessori-Pädagogik (zu Hause und allgemein) also eine Erziehung, die ganz ohne Strafen auskommen kann?

Die Montessori-Pädagogik ist nicht realitätsfremd. Montessori weiß sehr genau, dass Belohnungen und auch Strafen in der Erziehung einen Platz haben. Dabei geht es ihr aber niemals darum, im Affekt Vergeltung zu üben. Der Ausgangspunkt ist immer eine möglichst emotionslose Sach- und Situationsanalyse. Von Erziehern und Lehrern muss man dies erwarten. Eltern fällt es oft weniger leicht – sie sind in der Regel emotional tiefer betroffen.

Was die Belohnungen anbetrifft: Montessori hat oft erlebt, dass die Zufriedenheit der Kinder mit ihrer Tätigkeit durch überschwängliches Lob („Super!!!") nur gestört und unterbrochen wird. Man sollte sich zunächst einmal einfach an und mit den Kindern freuen. Das genügt oft, denn Kinder nehmen es wahr und freuen sich gewissermaßen zurück. Belohnungen

Beim Strafen bevorzugt Montessori eine „organische" Methode. Wenn alle anderen Wege (Ermutigungen, Ermahnungen u. Ä.) nicht wirksam waren, folgt – ob mit oder ohne Begründung, das hängt von der aktuellen Aufnahmefähigkeit des Kindes ab – eine Maßnahme, die mit dem, was vorgefallen ist, in einem unmittelbaren Sachzusammenhang steht. Wer etwas hinuntergeworfen hat, hebt es auf und bringt es an seinen Platz; wer etwas mutwillig zerstört hat, wird versuchen müssen, es wiederherzustellen oder auf andere Weise zu ersetzen. Wer dem Zusammenleben (trotz vorheriger mehrfacher Ermahnung) schadet, wird für eine Zeit isoliert – aber nicht missachtet. Im Gegenteil: Man nimmt ihn bzw. sie wahr, sucht nach einer gewissen Zeit das Gespräch und führt das Kind in die Gruppe zurück. Montessori selbst beschreibt das sehr anschaulich (Montessori 2010a: 73–76). Strafen

Zeitweilige Isolierung – ist das auch zu Hause machbar? Welche Möglichkeiten haben Eltern, „organische Strafen" zu erproben?

Hier sollten in aller Offenheit Erfahrungen ausgetauscht werden. Nicht alles „wirkt sofort" im Sinne eines „heilsamen Strafens". Aber zu meinen, die Montessori-Pädagogik kenne keine Strafen, ist ebenso falsch wie die (oft zu hörende) Meinung, sie sei ein Schonraum ohne wirkliche Leistungsansprüche.

FREIHEIT BRAUCHT VERANTWORTUNG: DER MONTESSORI-WEG

Uli hatte geklaut.

Einen Taschenrechner.

Es war dramatisch. Uli, Klasse sieben, hatte geklaut. So viel stand fest. Und nun war er mit seinen Eltern bei mir. Nicht nur er war ein Häufchen Elend, die Eltern waren ebenso am Boden zerstört. „Du hast doch alles bekommen von uns. Fußballverein. Dann das Rennrad. Nachhilfestunden, als du sie brauchtest. Die Reise. Und deine Freunde konnten kommen, wann sie wollten."

Und so ging es weiter. Schließlich fassen sie zusammen: „Wir haben dir doch alle Freiheiten gegeben. Du hast doch alles. Warum das?"

Das war mein Stichwort. Die Sache mit der Freiheit war gefährlich schief-gelaufen. Hatten die Eltern wirklich alles richtig gemacht mit der grenzen-losen Freiheit? Da wird die Montessori-Pädagogik oft gefährlich missver-standen.

grenzenlose Freiheit?

Wie soll das gehen mit der Freiheit, und welche Konsequenzen sind damit verbunden? Muss denn nicht alles im Chaos enden, wenn in einer Montessori-Schule jeder tun und lassen kann, was er will? Und erst zu Hause!

Diese Anekdote aus einer Montessori-Schule liefert eine erste Antwort:

Ein Gast fragt einen Schüler: „Ihr dürft hier also tun, was ihr wollt?" – Der Schüler denkt einen Augenblick nach und erwidert: „Nein, wir tun nicht, was wir wollen. Aber wir wollen, was wir tun."

Maria Montessori selbst hat sich intensiv mit dem Problem der Freiheit in der Erziehung beschäftigt. Freiheit, das ist ihr von Anfang an klar, braucht Orientierung. Und Eltern brauchen für ihre (Montessori-)Erziehungsarbeit eindeutige Orientierungshilfen.

Zu Weihnachten 1951, anlässlich der Eröffnung eines „house of liberty" in New York, schreibt sie in einem Grußwort:

„Während meines ganzen Lebens habe ich die Notwendigkeit der Freiheit der Wahl, der Selbstständigkeit des Denkens und der menschlichen Würde proklamiert.

Jedenfalls bin ich der Meinung, dass eine wahre und innere Freiheit nicht gegeben werden kann; sie kann nicht einmal erobert werden; sie kann nur jeder in sich selbst aufbauen als Teil der Persönlichkeit und sie kann deshalb auch nicht verloren werden.

Freiheit bei
Montessori

Seit den Anfängen meiner Erzieherlaufbahn habe ich Bedingungen der Freiheit für die Kinder empfohlen und eingerichtet.[39]

Die freie Wahl war das erste der Vorrechte in meinem Erziehungskonzept. [...]

Die Freiheit der Wahl führt zur Würde des Menschen. [...]

Solange die Erziehung fortfährt, den Leitlinien einer erzwungenen Unterwerfung zu folgen, werden die gegenwärtigen Bedingungen bestehen bleiben: Die Menschheit wird sich weiterhin aus vielen Menschen zusammensetzen, die von Freiheit sprechen, aber aus sehr wenigen freien Menschen" (Montessori 1985: 121f).

In diesen wenigen Sätzen findet sich eigentlich alles wieder, was den Eltern als Leitlinie für ihre Erziehungspraxis dienen muss, wenn sie Montessori folgen wollen. Und das Wesentliche, was Kinder in der Familie lernen sollten, lässt sich in diesem einen Satz zusammenfassen:

Freiheit bedeutet, eigenständige *Entscheidungen* zu treffen, für die man auch *Verantwortung* übernehmen muss.

---

39 Hervorhebung vom Verf.

In der Familien-Praxis nach Montessori (genauso wie auch in der Schule) heißt das konkret:

➤ Das Kind hat die Freiheit der Wahl, das heißt, es darf sich seinen Möglichkeiten entsprechend entscheiden und handeln.

➤ Das Kind verfügt über Denk-und Gedankenfreiheit, das heißt, es wird von uns ermutigt, selbst Entscheidungen zu treffen.

➤ Freiheit ist abhängig von individuellen Möglichkeiten. Das Kind muss also dazu herausgefordert werden, die eigenen psychischen, intellektuellen und physischen Möglichkeiten zu entdecken und anzuwenden.

➤ Freiheit und Unterwerfung schließen einander aus. Das heißt: Wir als Eltern müssen uns dessen bewusst sein, dass wir es sind, die die Macht haben. Aber wir ermächtigen auch das Kind zu eigenverantwortlichem Handeln. Ihm wird Verantwortung abverlangt und zugemutet.

➤ Unsere Familie ist ein Übungsfeld der Freiheit für das Kind.

➤ Wir sind diejenigen, welche die Bedingungen der Freiheit festlegen.

➤ Wir legen Grenzen fest und definieren Regeln, die wir selbst ebenfalls einhalten.

➤ Wir sind mit den Erziehungsinstitutionen im Austausch – und sollten sie nicht der Montessori-Pädagogik folgen wollen oder können, so wachen wir darüber, wie unser Kind dort „Freiheit" erlebt und lernt.

Den Freiheitsraum der eigenen Familie ausleuchten

„*Ein* Mensch – ist kein Mensch." Ein seltsamer Satz. Oder sogar: *Ein* Mensch ist kein *Mensch*. Fest steht jedenfalls: Ohne andere Menschen als Gegenüber wird jedes Kind, wenn es überhaupt überleben kann, verkümmern.

Das heißt aber auch: Wie Menschsein „geht", erleben wir an den Modellen, die uns vorgelebt werden.

Jede Familie, jedes Paar hat eine lange Geschichte von Freiheit und/oder Unfreiheit hinter sich. Das können viele sehr anschaulich erzählen. Und manche Kinder entwickeln sich – oft sehr zum Leidwesen ihrer Eltern – zu durchaus anstrengenden „Freiheitskämpfern", mit Verlusten auf allen Seiten. Muss das so sein?

Fest steht, dass die Einübung in den Umgang mit Freiheit (beginnend eigentlich schon mit der Abnabelung) die wichtigste, aber wohl auch anstrengendste Aufgabe der Familie ist. Was ist zu tun? Sind wir als Eltern uns einig, was wir unter Freiheit verstehen?

„Freiheit ist, wenn ich tun und lassen kann, was ich will", sagen manche. Aber sich vorzustellen, was es für die Familie bedeutete, wenn jeder nur das machen würde, was ihm „Lustgewinn" bringt (Hedonismus), bedarf keiner großen Fantasie. Darum gilt: Freiheit heißt für das Kind, *Beziehungen einzuüben*.

Freiheit und Beziehung

Das Kind *will* frei sein. Es will *seine* Freiheit erleben. Aber wie kann es gelingen? Es gibt drei wesentliche Bezugsfelder der Freiheit. In ihnen wird das Kind „Freiheit lernen":
1. die Freiheit und ich (Ich entdecke und erprobe meine Freiräume)
2. die Freiheit und die anderen (Ich erkenne die Freiräume der anderen und lerne damit umzugehen)
3. die Freiheit und die Umwelt (Ich erkenne, dass alles um mich herum eigene Gesetze hat, die ich beachten muss).

1. Freiheit und ich

Mit der Abnabelung beginnt die Freiheitsgeschichte eines jeden Einzelnen von uns. Selbst ein Säugling kann erste eigene Entscheidungen treffen. Wenn über seinem Bettchen zwei (aber nicht zwölf!) Gegenstände hängen, die das Baby erreichen kann, wird es sehr bald seine Hand zu dem einen (und eben nicht zu dem anderen) bewegen. Das ist eine erste Entscheidung seiner Freiheit. Mit jeder Stange über dem Bettchen und den damit gegebenen Wahlmöglichkeiten beginnt eigentlich so etwas wie Freiheitserziehung.

Dimensionen der Freiheit

2. Freiheit und die anderen Menschen

Die Stange über dem Bettchen ist aber nicht einfach von Natur aus da. Wer hat das Greifangebot aufgehängt und warum? Daran wird deutlich: Um sich in seine Freiheit einzuüben, braucht bereits das Baby jemanden, der eine Wahlmöglichkeit einräumt. In der Regel sind das die Eltern.

Wenn man es philosophisch anspruchsvoller formulieren will im Sinne des jüdischen Religionsphilosophen Martin Buber und seines „dialogischen Prinzips", dann könnte man ungefähr sagen: Ohne Du kein Ich.

Familie gelingt nicht, ohne dass man sich – auch mit Verzicht – aufeinander einlässt, aber gleichzeitig jedem seine Freiräume zugesteht. Dies muss eingeübt werden. Für Eltern heißt dies: miteinander einen klaren Kurs bestimmen, damit das Kind seine Freiheiten wahrnehmen, aber auch deren Grenzen erproben kann und damit es lernen kann, diese zu respektieren.

3. Freiheit und Umwelt

Ein Luftballon hat seine eigenen Gesetze. Wenn man ihn unsachgemäß behandelt, entzieht er sich – er platzt. Die Kinder verlieren an Spielmöglichkeiten. Sie haben die Gesetzmäßigkeiten des Luftballons nicht respektiert.

Die Umgebung, die Sachen und auch und besonders die Natur: Sie haben ihre eigenen Gesetze. Schon für die Kleinen kommt es darauf an, zu lernen: Nutze deine Freiheit, indem du die Gesetze der Dinge kennenlernst und sie respektierst. So gewinnst du an Gestaltungsmöglichkeiten für deine Freiheit hinzu.

Montessori-Pädagogik ist in einem zeitgemäßen Sinne ökologisch. Von Anfang an fordert sie den verantwortlichen Umgang mit allem, was lebt und ist. Deshalb müssen die Kinder eben etwas darüber wissen, wie die Natur „funktioniert" – und auch darüber, wie die Kultur sich entwickelt hat und wie die verschiedenen Bereiche ihrer Erfahrungswelt miteinander zusammenhängen.

„Kosmische Erziehung"

Mit dem Konzept einer *„Kosmischen Erziehung"* versucht die Montessori-Pädagogik dem zu entsprechen. Als deren Leitgedanken[40] formuliert Montessori: *„[Der Mensch] ist orientierungslos und besitzt keine Kontrolle über seine eigene Schöpfung. [...] Wir hängen nicht länger direkt von der Natur ab, sondern von allem, was der Mensch in den verschiedenen Teilen der Welt produziert und was allen durch wechselseitigen Austausch zur Verfügung steht. [...] Die Sterne, die Erde, die Gesteine, alle Formen des Lebens bilden in enger Beziehung untereinander ein Ganzes; und so eng ist diese Beziehung, dass wir keinen Stein begreifen können, ohne etwas von der großen Sonne zu*

---

40   Vgl. dazu Holtstiege 2014.

begreifen! [...] Die Gesetze, die das Universum regieren, können dem Kind interessant und wunderbar gemacht werden [...] und so beginnt es zu fragen: Was bin ich? Was ist die Aufgabe des Menschen [...]? Was ist gut und böse? Wo wird das alles enden?" (Montessori 2017: 287.289.296).

In der Familie wird es vielleicht kindgerechte Bücher oder andere Medien geben, die diese Grundzusammenhänge darstellen und veranschaulichen. Das gemeinsame Anschauen von Sendungen wie der *Sendung mit der Maus* oder *Löwenzahn* hat in vielen Familien schon eine lange Tradition. Und heute bietet zudem das Internet zahllose Impulse. Aber man darf die Kinder auch nicht mit Sachkundewissen überladen. Montessori geht es immer um die Frage: Was hat das mit mir und mit unserem Leben zu tun? Hier werden Kinder zu Philosophen – und Eltern zu Mitfragenden. Denn nicht für alles haben wir eine Antwort.

Montessori-Freiheitserziehung zu Hause: eine Herausforderung

Dass die Freiheitserziehung ein mühsamer Prozess ist, der die Beteiligten oft auch an ihre Grenzen führt, haben wir anzudeuten versucht. „Wir haben doch alles für dich getan." Die Feststellung wird zur Klage, weil der Junge mit all diesen Angeboten nicht klargekommen ist.

Manchmal ist auffälliges Verhalten aber auch geradezu ein Schrei danach, die Freiheit in Ordnungsformen (d. h. mit Normen, Werten, Regeln) miteinander erproben und leben lernen zu dürfen.

Die Montessori-Pädagogik stellt das Kind von Anfang an immer vor Freiheitsentscheidungen. Und sie begründet dies mit dem schon zitierten Satz: „Die Freiheit der Wahl führt zur Würde des Menschen." Aber sie fordert auch: „Die Freiheit muss aufgebaut werden."

Darin müssen sich die Montessori-Pädagogik in der Schule und die in der Familie ergänzen: Es kommt darauf an, Bedingungen zu schaffen, die es dem Kind ermöglichen, sich in den verantwortlichen Umgang mit Freiheit einzuüben. Normen, Werte und Regeln sollten in der Familie für alle gleich gelten. Und je älter das Kind wird, desto intensiver wird es in den Prozess der Gestaltung seiner Freiheit einbezogen.

Verantwortung

Leitsätze für eine Freiheitserziehung nach Montessori zu Hause

➤ Du darfst dich frei entscheiden.

➤ Der Maßstab für deine Freiheit sind deine aktuellen Möglichkeiten.

➤ Wenn wir das Gefühl haben, dass du deine Freiheit überforderst, sprechen wir ehrlich mit dir, du aber auch mit uns.

➤ Hast du dich entschieden, führe es durch. Wir werden dich begleiten, wenn du es willst oder brauchst.

➤ Für das Ergebnis deiner Entscheidung trägst du die Verantwortung.

➤ Deine Freiheit berührt immer die Freiheit anderer. Bedenke dies bitte.

➤ Wenn du die Dinge so benutzt, wie sie gedacht sind, erweitert das normalerweise deinen Freiheitsraum.

➤ Wir werden alles tun, damit du deine Freiheit so leben und erleben kannst, dass du zufrieden und glücklich dabei bist.

➤ Wir werden versuchen, uns rechtzeitig zurückzunehmen.

Und bei all dem vergiss bitte nicht: Wir lieben dich.

Sein Kind lieben – aber wie?

„Die Natur bietet dem Kind einen besonderen Schutz. Es wird aus der Liebe geboren, und die Liebe ist sein wirklicher Ursprung. Sobald es geboren ist, wird es von Vater und Mutter mit Zärtlichkeit umgeben. [...] Die Natur flößt den Eltern Liebe zu den Kindern ein. Diese Liebe ist nichts Künstliches, nichts, was vom Verstand herrührt [...] In ihren tiefsten Empfindungen verzichten alle Eltern auf ihr eigenes Leben, um es ihren Kindern zu widmen. Es handelt sich dabei um ein natürliches Opfer, das Freude bringt und nie als ein solches erscheint" (Montessori 1972a: 28).

Wenn man das liest, kann man sich fragen: „In welcher Zeit lebte Montessori eigentlich?"

Man mag ja noch zustimmen, dass *Liebe* der Ursprung eines Kindes ist. Aber mit der Zärtlichkeit nach der Geburt und auch noch von beiden Elternteilen, wie steht es da? Die neue Lebenssituation, die kurzen Nächte, die (vielleicht) zu enge Wohnung, die zusätzlichen Kosten (und vieles mehr): sie sind nicht nur Bedrohungen für die intuitive Zärtlichkeit, die dadurch geschaffene Situation wird oft auch als Verzicht auf das eigene Leben empfunden. Kann von „tiefsten Empfindungen" ehrlich die Rede sein? Ist es nicht so, dass es weithin Konsens ist, man müsse den Beruf und das Mutterbzw. Vatersein unter einen Hut bekommen, man solle sich als Frau gesellschaftlich selbst verwirklichen? Wer will schon nur noch für das Kind leben und sich selbst dabei vergessen?

Nein, so realitätsfremd ist Montessori nicht. Sie unterscheidet grundsätzlich zwei Formen von Lebensgestaltung:

1. die *erwerbsorientierte Erwachsenengesellschaft*: Sie ist wesentlich politisch-ökonomisch geprägt, bestimmt von Kampf, Sieg und Niederlage, man ist auf den persönlichen Vorteil bedacht und erfolgsorientiert. zweierlei Einstellungen

2. die *beziehungsorientierte Familiengesellschaft*: Sie ist bestimmt von Liebe, Zärtlichkeit, Selbstlosigkeit und Opferbereitschaft, geprägt durch das Verhältnis der Eltern untereinander in liebender Zuwendung zu den gemeinsamen Kindern.

Beide Lebensformen, so Montessori, existieren in unserer Gesellschaft nebeneinander. Aber wie passen beide zusammen?

Liebe – und nicht das Recht des Stärkeren – sei das Grundprinzip allen menschlichen Miteinanders. Es sei also weder eine Kunst, noch müsse man darauf trainiert werden, sein Kind zu lieben: So sieht es Montessori. Für sie ist die Familie, in der ja gewissermaßen von Natur aus Liebe gegeben ist, in der Tat die Keimzelle einer Gesellschaft, die Zukunft haben kann.

Ob das heute so schlicht zu realisieren ist?

Es gibt ja zweifellos bedeutsame gesellschaftliche Veränderungen im Familienbild und in der Wahrnehmung mütterlicher oder väterlicher Verantwortung. In dieser Situation fragen viele Eltern: Was braucht unser Kind wirklich? Und auch: Was brauche ich? Was brauchen wir?

Es geht darum, einen Ausgleich zwischen den verschiedenen Bedürfnissen zu schaffen – zwischen den elementaren Bedürfnissen des Kindes und denen der Mutter bzw. des Vaters, die eingebettet sind in einen sozialen Kontext und verschiedene Notwendigkeiten wie Beruf, Einkommen usw. Dabei geht es darum, gleichzeitig sowohl das eigene Rollenbild zu stärken als auch die Familie abzusichern und dem Kind die besten Perspektiven offenzuhalten.

So gesehen ist es eine ständige Herausforderung, die Liebeskultur einer Familie zu entwickeln.

Selbstliebe – im Sinne einer Liebe, die sich darin erschöpft, den eigenen kurzfristigen Interessen zu dienen – macht blind. Liebe strebt immer auch einen Ausgleich der Interessen an. Montessori folgt da Augustinus: „Liebe, und dann tue, was du willst."[41]

das Kind als Vorbild

Weil Montessori immer bei der Beobachtung des Kindes ansetzt, mutet sie uns zu, selbst bei der Art unserer Liebe uns ein Beispiel am Kind zu nehmen: *„Im Leben des Kindes finden wir die Form der Liebe, die zeigt, wie das ideale sittliche Verhalten in der Erwachsenengesellschaft sein sollte [...]"* (Montessori 1972a: 29).

Dieser Zugang zur Liebe macht nicht blind, sondern es gilt vielmehr: „Liebe macht sehend."[42]

Wir müssen also die Frage umkehren. Sie lautet jetzt nicht mehr: Wie sollen Eltern ihre Kinder lieben? Sondern sie lautet: Was können Eltern von ihren Kindern über Liebe lernen?

Leitlinien einer Liebeserziehung nach Montessori für zu Hause (den Kindern abgeschaut)

Einfach lieben wie ein Kind
➤ Kinder lieben unmittelbar – und das bedingungslos und voll Freude.
➤ Kinder lieben leibhaftig – und das bedingungslos und voll Freude.
➤ Kinder lieben unverstellt.
➤ Kindliche Liebe kennt eben keine Bedingungen.
➤ Kindliche Liebe kennt keine Grenzen.
➤ Kindliche Liebe kennt keine Stereotype.

Eine Bedingung muss allerdings erfüllt werden, damit Eltern in liebevoller Wahrnehmung von und mit den Kindern lieben lernen können: *Kindliche Liebe braucht Spontaneität und Freiheit, um sich zu erproben, und kindliche Freiheit braucht Liebe, um sich zu bewähren.*

---

41 Aurelius Augustinus, *Kommentar zum 1. Johannesbrief*, VII, 8: Dilige et quod vis fac.
42 „Ubi amor, ibi oculus", heißt es bei dem mittelalterlichen Theologen Richard von St. Viktor (*Beniamin minor*, 13): „Wo Liebe ist, da ist Auge."

Ich bin zu Gast in der Montessori-Kinderstube.

Timo, ein etwa 2-jähriger Junge, schüttet Wasser aus einem Gefäß in ein anderes – immer und immer wieder. Schließlich beendet er seine Arbeit, räumt auf, geht zu der Erzieherin und flüstert ihr etwas ins Ohr. Neugierig frage ich später: „Was hat er Ihnen denn gesagt?" Die Antwort: „Du, ich glaub', ich bin lieb."

Paul sitzt vor mir. Er ist siebzehn und hat schon viel erlebt. Die Scheidung seiner Eltern und den über Jahre andauernden Streit. Immer ging es um ihn. Der Kampf darum, in die Montessori-Sekundarschule aufgenommen zu werden. Er hat es geschafft.

Es hat gedauert, bis ein Richter nach seinen Erfahrungen und nach seiner Meinung gefragt hat. Seine Mutter reibt sich auf. Sie geht zwei Berufen nach. Beide anspruchsvoll. Abends, wenn sie erschöpft nach Hause kommt, setzt sie sich mit ihrem Sohn zusammen, bespricht den Tag, plant, überlegt. Gemeinsam sind sie gereift – in liebevoller Freiheit. Paul geht seinen Weg.

Den Kindern Rechte zugestehen

Die UN-Kinderrechtskonvention wurde im Jahre 1989 von der Vollversammlung angenommen und trat 1990 in Kraft. Beim Weltkindergipfel im gleichen Jahr verpflichtete sich die Weltgemeinschaft zur Anerkennung der Konvention.

UN-Kinderrechts-konvention

Die für die Rechte der Kinder zuständige Organisation der UNO, die UNICEF, fasst den 20 Seiten langen Text in zehn Grundrechten zusammen:

1. *das Recht auf Gleichbehandlung und Schutz vor Diskriminierung unabhängig von Rasse, Religion, Herkunft und Geschlecht*
2. *das Recht auf einen Namen und eine Staatszugehörigkeit*
3. *das Recht auf Gesundheit*
4. *das Recht auf Bildung und Ausbildung*
5. *das Recht auf Freizeit, Spiel und Erholung*
6. *das Recht, sich zu informieren, sich mitzuteilen, gehört zu werden und sich zu versammeln*
7. *das Recht auf eine Privatsphäre und eine Erziehung im Sinne der Gleichberechtigung und des Friedens*
8. *das Recht auf sofortige Hilfe bei Katastrophen und Notlagen und auf Schutz vor Grausamkeit, Vernachlässigung, Ausnutzung und Verfolgung*

9. das Recht auf eine Familie, elterliche Fürsorge und ein sicheres Zuhause
10. das Recht auf Betreuung bei Behinderung.

Montessori würde heute fragen, was sich denn konkret für Kinder verbessert habe. Mit Zorn würde sie reagieren auf die Machtlosigkeit sogenannter Kinderbeauftragter und sich ereifern über eine Sprache, die Kinder als „Humankapital" betrachtet.

„Es ist heute unerlässlich, dass die ganze menschliche Gesellschaft sich des Kindes und seiner Bedeutung erinnert, dass sie ihm schnellstens zu Hilfe kommt und es aus der großen, gefährlichen Leere herausholt. Diese Leere muss sich füllen, es muss eine kindgemäße Welt aufgebaut werden dadurch, dass man die sozialen Rechte des Kindes anerkennt. Das schlimmste Vergehen der menschlichen Gesellschaft ist, dass sie Geld vergeudet, das sie ihren Kindern zugutekommen lassen müsste, ja dass sie dieses Geld darauf verwendet, die Kinder und sich selbst zugrunde zu richten" (Montessori 1952: 298f = Montessori 1987: 218 = Montessori 2009: 297).

Man wundert sich, wie weit Montessori der Kinderrechtskonvention schon voraus war. Und man ist sicherlich erstaunt, mit welcher Klarheit sie lebensvernichtende Investitionen, zum Beispiel in Waffen, anklagt, weil diese auch die Zukunft der Kinder vernichten. Wer je glaubte, die Montessori-Pädagogik sei realitätsfremd und unpolitisch, wird (nicht nur) hier eines Besseren belehrt.

kritisches
Potenzial

„Und dann ist es nötig, dass sich die Erwachsenen neu zusammenschließen, diesmal nicht sich selbst, sondern ihren Kindern zuliebe, und dass sie die Stimme erheben für das Recht, das vor lauter herkömmlicher Blindheit nicht gesehen wird [...]" (Montessori 1952: 299f = Montessori 1993: 218f; vgl. Montessori 2009: 298).

Eine *Lobby-Arbeit für Kinder* beginnt für Montessori in der Familie, setzt sich fort in Krippe und Kinderhaus und dann weiter in Grundschule und Sekundarstufe bis hin zum Studium. Übrigens ist es auffällig, dass Montessori-Schülerinnen und -Schüler in weiterführenden Schulen ein weit überdurchschnittliches Engagement für die Vertretung ihrer Interessen an den Tag legen. Sie stellen häufig die Schulsprecher und sind auch später in anderen Gremien oft vertreten. Das liegt daran, dass sie gelernt haben, ihre Fähigkeiten sozial und verantwortlich einzusetzen, begleitet von einer liebevollen Wertschätzung durch die jeweils ältere Generation.

Für all dies braucht es einen langen Atem. Und den erhält man nur dadurch, dass man mit Montessori das Kind als den entscheidenden Hoffnungsträger für eine humane Gesellschaft betrachtet.

Die Rechte des Kindes stehen allerdings nicht nur im gesamtgesellschaftlichen Bereich in einem Spannungsverhältnis zwischen Möglichkeit und Wirklichkeit.

Eltern haben (fast alle) Macht!

In einer Familie können Mutter und Vater nicht nur bestimmen, was Recht und was Unrecht ist, sie verkörpern oft geradezu das Recht. Und auch wenn es um des (vermeintlichen) Besten ihrer Kinder willen geschieht, greifen sie mit vielen ihrer Handlungen machtvoll ein in die Persönlichkeitsrechte ihres Kindes, die ja auch schon gegeben sind. elterliche Allmacht?

Da wird das Taschengeld erhöht oder gestrichen, die Freizeit wird beschränkt oder erweitert, die Freunde werden ausgesucht oder abgelehnt, über die Kleidung, die Nahrung und vieles andere mehr wird bestimmt: Eltern haben die Macht.

Müssen Eltern also zwangsläufig undemokratisch sein?

Eltern müssen sich dessen bewusst sein, dass sie in der Familie oft nicht erlebbar machen können, was das Grundprinzip einer demokratischen Gesellschaft ist, nämlich die Gewaltenteilung:

Eltern bestimmen oft die Regeln, die in der Familie gelten (legislative Gewalt). Sie kontrollieren die Einhaltung der von ihnen festgelegten Regeln (judikative Gewalt). Und sie belohnen oder bestrafen Wohl- oder Fehlverhalten (exekutive Gewalt). Sie sind also gleichzeitig Legislative, Judikative und Exekutive – gleichzeitig aber sind sie auch Anwalt des Kindes. Und sie achten darauf (oder sollen jedenfalls darauf achten), dass auch innerhalb der Familie die Rechte des Kindes zur Geltung kommen.

Aber was sind die wesentlichen Rechte des Kindes in der Familie?

Das Recht des Kindes auf Achtung

„Die Achtung, die wir für das Kind haben sollen, fordern wir im Namen des göttlichen Kinderfreundes", sagt Montessori (Montessori 2017: 136 = Montessori 1964: 241). Was heißt das für die Eltern?

Achtung fordert „Beob-Achtung".

Das ist leichter gesagt als getan, denn unsere Gefühle und Interessen steuern natürlich auch unsere Wahrnehmung. Es ist wirklich anstrengend, das eigene Kind ganz sachlich zu beobachten und die Beobachtungen dann anschließend auswertend mit dem Partner zu diskutieren.

Im ersten Jahr mag das noch leicht sein. Da greift unser Kind, gut beobachtbar, immer zunächst mit der linken Hand nach dem Spielring. Was bedeutet das? Und sollte man das ändern, Einfluss nehmen?

Beobachtung Wunderbare Orte zum Beobachten sind Spielplätze. Folgen Sie einmal dem Blick Ihres Kindes. Schauen Sie, wie es Kontakt aufnimmt, sich absetzt. Versucht es, seine Interessen durchzusetzen? Wie geht es um mit Erfolgen und Misserfolgen?

Beobachtungstraining ist eine wichtige Aufgabe der Erzieherausbildung. Sprechen Sie mit den Pädagoginnen im Kindergarten. Warten Sie nicht, bis diese ihre Beobachtungen mitteilen, sondern fragen Sie von sich aus.

Im Schul- und Jugendalter werden die Verhaltensweisen natürlich viel komplexer. Manche Eltern neigen dazu, sich dann zurückzuziehen und die Beobachtungsaufgaben zu delegieren, um dann von einer dritten Person Aussagen über Fähigkeiten oder Mängel ihres Kindes zu erhalten. Geht es da nur um Noten? Haben Sie den Eindruck, dass die Pädagogen an Ihrem Kind persönlich interessiert sind? Elternabende und sog. Elternsprechtage könnten durch eine gewandelte Perspektive ein völlig anderes Gesicht bekommen.

Früh schon wird das eigene Kind bewusst wahrnehmen, dass bzw. wann sie es beobachten. Schulkindern ist das klar. Und oft fragen sie, warum das so geschieht. Jugendlichen ist das eher unangenehm. Sie lehnen es meistens ab. Und die Eltern selbst? Liebevolle Beobachtung ist immer auch ein Zeichen von Achtung.

Das Recht des Kindes, so zu sein, wie es ist

Wenn ein Kind auf die Welt kommt, sind oft elterliche Wünsche, Erwartungen, Hoffnungen lebendig. Das ist verständlich. Für die Eltern ist es deswegen *Erwartungen* bedeutsam, sich von Erwartungen im Hinblick auf das eigene Kind emotional zu trennen. Nur so kann man vermeiden, dass man sich von seinem Kind enttäuscht fühlt.

Eltern mit „behinderten" Kindern haben diesen Prozess schon früh intensiv durchlaufen müssen. Und sie haben die hohen emotionalen Belastungen gespürt. Jedes Kind hat ein Recht, es selbst zu sein.

Kommt beispielsweise der Sohn eines Tages mit blaugefärbten Haaren nach Hause, müssen wir dies nicht gut finden. Aber wir sollten das damit gesetzte Zeichen zu verstehen versuchen: Ich bin ich.

Das Recht des Kindes auf den heutigen Tag

Eltern schauen gerne nach vorne. Sie sehen die Zukunft schon auf sich zukommen. Sie planen für ihr Kind und spüren oft nicht, wie dessen Widerstände wachsen. Kinder leben, erst recht in den ersten Jahren, intensiv in der Gegenwart. Aus ihrer erlebten Gegenwart erwachsen oft eigenwillige *Zukunftspläne* Pläne für die Zukunft. Zeithorizonte entwickeln sich erst langsam: Ein Kindergartenkind hat noch keine Vorstellung von einer ganzen Woche, ein Schulkind sehr wohl. Und bald wird das Kind lernen müssen – wie dies in Montessori-Schulen ja auch geschieht –, seine Zeit eigenverantwortlich zu planen und erfolgreich zu gestalten.

Risiko

„Ich erinnere mich noch gut an jenen Augenblick, als unser jüngster Sohn zum ersten Mal allein auf einen Baum klettern wollte.
Ich erinnere mich auch gut an den Augenblick, als ein anderer sagte, jetzt könne er allein zum Kindergarten gehen.
Ich weiß auch noch, wie ich mich fühlte an dem Abend, als gerade der Führerschein erworben war und die Frage kam: Kann ich heute das Auto mitnehmen?"

Schon von der Geburt an üben Menschen, sich Herausforderungen zu stellen. Kinder suchen diese Herausforderungen geradezu und gehen dabei oft auch Risiken ein. Als Eltern stellen wir uns schützend vor unsere Kinder.

Doch jedes „Overprotecting" nimmt den Kindern die Luft zum Leben *„Overprotecting"* und oft auch die Lust daran. Wollen wir wirklich „Helikopter-Eltern" sein?

Aus Angst, das Leben unseres Kindes könnte Schaden nehmen, lassen wir es oft gar nicht zur Entfaltung kommen. Aber wir Erwachsenen wissen: Leben ist nun einmal riskant.

Die Montessori-Pädagogik stellt die Kinder grundsätzlich in die geplante und herausfordernde Entscheidungssituation einer „Vorbereiteten Umgebung". Das stärkt.

Mit den Kindern wachsen

Es gibt das mitwachsende Kinderbettchen, das mitwachsende Stühlchen, später den mitwachsenden Schreibtisch. Gibt es aber auch mitwachsende Eltern?

Die Frage ist eigenartig. Schließlich sind die Eltern doch ausgewachsen. Eben: Sie sind ständig dabei, mit all ihrer Lebenserfahrung die Situation ihres Kindes zu betrachten, zu bewerten und dann zu handeln. Und das ist ja auch richtig so.

Montessori verlangt aber nicht mehr und nicht weniger, als dass die Eltern sich bemühen, sich als Erziehungsakteure zunehmend überflüssig zu machen. Das ist anstrengend, denn es bedeutet Verzicht.

Vier Beispiele aus dem Montessori-Alltag

Eine Mutter:

Laura (13 Monate) hat jetzt ihre Zähne. Sie könnte den Löffel selbst einigermaßen gut zum Mund führen. Es gibt Gemüse. Füttern oder den Löffel geben? Wir halten einen passenden Löffel bereit. Ganz langsam mache ich vor, wie das selbstständige Löffeln geht. Und dann, wenn Gemüse und Löffel und Mund, vom Kind selbst gesteuert, zueinander finden, freut sie sich. Wir spüren, dass sie das unbedingt können will. Und wir freuen uns auch.

Ein Vater:

Kon (14) hat eine eigene Meinung. Und diese ist anders als meine. Er weiß, mit 14 Jahren kann er aus dem Religionsunterricht austreten. Und er sagt, der Lehrer für Ethik sei viel netter. Oma ist entsetzt. Das lässt ihn ziemlich kalt. Und auf den Kommentar der Schwiegermutter: „Das habt ihr jetzt davon, ihn immer selbst entscheiden zu lassen", reagieren wir als Eltern eher hilflos. Und er ganz „cool", gelangweilt. Na klar, uns gefällt es auch nicht so besonders. Er hat unsere Argumente zur Kenntnis genommen und anders entschieden. Eigentlich müsste ich zufrieden sein – aber ich zeige es ihm nicht. Sollen wir dem Montessori-Ansatz dankbar dafür sein?

Der Leiter einer Montessori-Schule:

Doro (20 Jahre, Abitur vor zwei Jahren am Montessori-Gymnasium) hat einige Zeit gebraucht, bis sie nach zwei anderen Versuchen sich schließlich für ein Studium der Musik entschieden hat. Ja, zu Hause hatte man ihr das Klavierspielen ermöglicht. Aber sie war auch schon im Leistungskader für den Speerwurf. Beides ging nicht. So entschied sie sich für die Musik. Es gab heftige Auseinandersetzungen. Sie will ihren eigenen Weg gehen und verlässt die Familie. So recht zufrieden ist aber keiner. Die Eltern fragen (mit einem leisen Vorwurf an uns), ob sie Druck finanzieller Art ausüben sollen. Sie wissen genau, wenn es dann Verlierer und Gewinner gibt, wird ihre Tochter ...[43]

---

43 Es folgte eine Biografie mit vielen schmerzhaften Erfahrungen.

Und das vierte Beispiel? Sie finden es in der eigenen Familie. Und Sie werden darüber diskutieren, hoffe ich. Man hört nie auf, Eltern zu sein. Und dieser Satz: „Lieben heißt loslassen können", er ist so leicht gesagt. Den Mut zur Freiheit – und mag sie vom Kind oder Jugendlichen auch quer zu den Plänen der Eltern definiert werden – sollten wir zugestehen und ihn auch selber haben.

Mit den Kindern wachsen – manchmal wächst man auch durch sie: Ich selbst hätte z. B. nie etwas von Heavy Metal erfahren, wenn unser Sohn nicht begeistert von einem Festival gekommen wäre. Die Tage in Wacken[44] musste er sich aber selbst finanzieren. Und ich höre seitdem Metallica und ACDC – wenn mir danach ist.

Demut   *„Was nötig ist, ist ein Akt der Demut"* (Montessori 1972b: 6).

Man kann das so einfach verlangen. Demut ist ja auch eine Form von Mut. Aber so ganz und gar loslassen? Ja, das schmerzt schon. Oder steckt in diesem Schmerz verkappter Egoismus, und Montessori hat doch recht? Kann man sich frühzeitig auf dieses Loslassen einstellen?

Alles nicht so leicht.

---

44 In dem schleswig-holsteinischen Dorf Wacken findet jedes Jahr das Heavy-Metal-Festival „Wacken Open Air" statt, das größte seiner Art mindestens in Deutschland.

MONTESSORI-PRAXIS UND FAMILIENALLTAG – WAS ELTERN FÜR IHR KIND TUN KÖNNEN

„Das Kind und der Erwachsene sind zwei verschiedene Teile der Menschheit, die aufeinanderwirken und bei gegenseitiger Hilfe in Harmonie sein sollen. Es ist also nicht nur so, dass der Erwachsene dem Kind helfen muss, sondern auch das Kind muss dem Erwachsenen helfen" (Montessori 1964: 224).

Das Montessori-Phänomen

Im Montessori-Elternkreis hat ein Paar ein Foto von seinem Sohn mitgebracht. Es zeigt Bruno, gerade drei Jahre alt. Er spielt in einem Sandhaufen, gleich neben einer Großbaustelle. Die Eltern erzählen, dass sie sich angesichts des Lärms ringsherum die Ohren zuhalten mussten. Den Jungen scheint es nicht zu stören. Warum läuft er nicht weg? Warum hat er so entspannte Gesichtszüge? Wie lange wird er wohl dableiben?

Im Gespräch sind wir uns einig: Die Eltern haben alle schon erlebt, dass ihr Kind bei einer Sache ganz lange verweilte. Sie hatten dafür eigentlich kein Verständnis, denn das Spiel war doch wohl schon beendet.

Die Mutter von Liz: „Ich kam zur Tür rein, und die Kleine hat mich gar nicht wahrgenommen. Liz war so vertieft, dass ich wirklich Hemmungen hatte zu fragen, ob sie ein Eis wolle."

Die Eltern von Ben, von dem wir wissen, dass er ganz schön anstrengend ist, seufzen: Ben sollte nicht in den Kindergarten aufgenommen werden. Die Erzieherinnen betrachteten ihn als hyperaktiv: „Der bringt uns die ganze Gruppe durcheinander." Er ist jetzt im Montessori-Kinderhaus. Da ist er irgendwie anders geworden. Ruhiger.

Was hat sich verändert? Und wie sieht es zu Hause aus? Und warum?

Wir Erwachsenen kennen das aus eigener Erfahrung: Da mache ich etwas, worauf ich mich gefreut habe. Und weil alles gut vorbereitet ist, lege ich los, komme voran, habe Spaß dabei und vergesse die Zeit und alles, was um mich herum sonst noch so passiert.

Polarisation der
Aufmerksamkeit

Das Phänomen, das in den Beispielen beobachtet wurde und hier beschrieben wird, nennt Montessori *Polarisation der Aufmerksamkeit*.

Montessori war nicht die Erste, die dieses Phänomen bei Kindern beobachtete. Aber sie war die Erste, die es wissenschaftlich analysierte und wiederholbar machen wollte. Vorher war auch sie voll von Vorurteilen darüber, dass Kinder immer unruhig, undiszipliniert und anstrengend sein müssten. Aber dann erlebte sie etwas, was ihre Einstellung völlig veränderte:

Montessoris
Schlüssel-
erlebnis

„[Ich beobachtete] ein etwa dreijähriges Mädchen, das tief versunken war in die Beschäftigung mit einem Einsatzzylinderblock, aus dem es die kleinen Holzzylinder herauszog und wieder an ihre Stelle steckte. Der Ausdruck des Mädchens zeugte von so intensiver Aufmerksamkeit, dass er für mich eine außerordentliche Offenbarung war. Die Kinder hatten bisher noch nicht eine solche auf einen Gegenstand fixierte Aufmerksamkeit gezeigt. Und da ich von der charakteristischen Unstetigkeit der Aufmerksamkeit des kleinen Kindes überzeugt war, die rastlos von einem Ding zum anderen wandert, wurde ich noch empfindlicher für das Phänomen. Zu Anfang beobachtete ich die Kleine, ohne sie zu stören, und begann zu zählen, wie oft sie die Übung wiederholte, aber dann, als ich sah, dass sie sehr lange damit fortfuhr, nahm ich das Stühlchen, auf dem sie saß, und stellte Stühlchen und Mädchen auf den Tisch; die Kleine sammelte schnell ihr Steckspiel auf, stellte den Holzblock auf die Armlehne des kleinen Sessels, legte sich die Zylinder in den Schoß und fuhr mit ihrer Arbeit fort. Da forderte ich alle Kinder auf zu singen; sie sangen, aber das Mädchen fuhr unbeirrt fort, seine Übung zu wiederholen, auch nachdem das kurze Lied beendet war. Ich hatte 44 Übungen gezählt; und als es endlich aufhörte, tat es dies unabhängig von den Anreizen der Umgebung, die es hätten stören können; und das Mädchen schaute zufrieden um sich, als erwachte es aus einem erholsamen Schlaf. Mein unvergesslicher Eindruck glich, glaube ich, dem, den man bei einer Entdeckung verspürt. [...]

Dieses Phänomen wurde allgemein bei den Kindern. Es konnte also als beständige Reaktion festgestellt werden, die im Zusammenhang mit gewissen äußeren Bedingungen auftritt, die bestimmt werden können. Und jedes Mal, wenn eine solche Polarisation der Aufmerksamkeit stattfand, begann sich

Übung des praktischen Lebens

Montessori-Praxis und Familienalltag – Was Eltern für ihr Kind tun können

das Kind vollständig zu verändern. Es wurde ruhiger, fast intelligenter und mitteilsamer. Es offenbarte außergewöhnliche innere Qualitäten, die an die höchsten Bewusstseinsphänomene erinnern, wie die der Bekehrung. [...] Auf diese Weise offenbarte sich die Seele des Kindes, und davon geleitet entstand eine neue Methode, in der die geistige Freiheit des Kindes deutlich wurde" (Montessori 2017: 101–103 = Montessori 1976: 69–71).

Durch eine solche „Polarisation der Aufmerksamkeit" scheint sich im Kind etwas zu verändern. Es fühlt sich wohl, es gewinnt an Kompetenz, kurz: Es gewinnt an Persönlichkeit.

Wirkungen

Mit ihrer Entdeckung wirft Montessori alle Vorurteile über die angeblich mangelnde Konzentrationsfähigkeit der Kinder über den Haufen. Sie gibt selber zu, dass sie – wie viele Eltern und Pädagogen heute immer noch – der Auffassung war, dass, wenn Kinder nicht ständig von einer Aktivität zur nächsten springen, vielleicht irgendetwas nicht in Ordnung sei.

Schlimmer noch: Manche Eltern und Erzieher meinen, Kinder müssten sich „austoben", sonst sei etwas nicht normal. Wer als Erwachsener tobt, wird ruhiggestellt. Und was ist, wenn man bei Kindern das Gegenteil von „Toben" erlebt, nämlich Konzentration, Ausgeglichenheit, Freude? Montessori jedenfalls definiert „Normalität" des Kindes neu und lässt alle Vorurteile hinter sich.

Ihr Ziel ist es nunmehr, dass diese wohltuende, aktive und meditative Tätigkeit des Kindes nicht mehr dem Zufall überlassen wird – denn in ihr liegt natürlich auch eine große Entwicklungschance. Als Wissenschaftlerin will sie die Bedingungen erkennen und erproben, die gegeben sein müssen, damit die Polarisation der Aufmerksamkeit sich ereignen kann – wo auch immer. Und natürlich kann das auch in der Familie sein.

Polarisation der Aufmerksamkeit heißt also – bei Kindern wie bei Erwachsenen:

- Ein Bedürfnis nach einer bestimmten Tätigkeit macht sich bemerkbar.
- Alle Voraussetzungen sind gegeben, damit es befriedigt werden kann.
- Die Arbeit beginnt und währt so lange, bis man „gesättigt" aufhört.
- Man ist zufrieden mit sich und strahlt das auch aus.

Leitlinien für eine Förderung der Polarisation der Aufmerksamkeit zu Hause

1. *Spontane Aktivität zulassen (relativ freie Wahl)*
    Wir erinnern uns: *„Die Freiheit der Wahl war das erste der Vorrechte in meinem Erziehungskonzept."*[45]
    Was heißt das für die Familie? Eltern versuchen oft, für das Kind zu entscheiden, was es nun am sinnvollsten spielen sollte. Sie meinen, das Kind motivieren zu sollen, indem sie ihm bestimmte Gegenstände hinlegen, es auffordern, damit doch etwas zu tun, es mehrfach vormachen. Und dann sind sie vielleicht frustriert, weil ihre „Gabe" nicht angenommen wird.

2. *Den Augen des Kindes folgen*
    Entscheidend ist vielmehr, dass die Eltern das Bedürfnis ihres Kindes entdecken. Dann werden sie auch erkennen, was sinnvollerweise in seinen Horizont gerückt werden sollte. Wenn das Kind mit seinem Blick dem Gegenstand folgt, ihn erreichen möchte, dann werden sie ihn anbieten. Und dann warten sie ab, was geschieht.

3. *Keine Zeitvorgaben machen*
    Wenn das Kind sich ganz auf sein Spiel eingelassen hat, es wiederholt, kleine Verweilmomente einlegt, tun wir – nichts! Ob das Kind unsere Nähe braucht, merken wir daran, ob es uns sucht.
    Jedenfalls sollten wir dem Kind die Möglichkeit einräumen, so lange zu spielen, bis es aus eigenem Entschluss sein Spiel beendet (freie Wahl der Zeit).

4. *Nicht in das Spiel eingreifen*
    Jedes Eingreifen in das Spiel, auch wenn es noch so gut gemeint ist, wäre nachteilig – es sei denn, die Eltern sind von Beginn an als Spielpartner in das Spielgeschehen einbezogen. Aber auch dann gilt, dass

---

45   Vgl. S. 83.

die gemeinsame (d. h. vom Kind wesentlich mitbestimmte) Entscheidung über Verlauf und Beendigung des Spiels Vorrang haben muss vor den Interessen und Bedürfnissen des erwachsenen Spielpartners.

5. *Störungen von außen vermeiden*
Ein „polarisiertes" Kind nimmt Störungen gar nicht wahr. Aber es sollte auch nicht ohne Not angefasst oder gerufen werden („Komm jetzt zum Essen!").

6. *Spielende ist erst nach dem Aufräumen*
Zu den Bedingungen gehört auch, dass nach den Ende des Spiels die Ausgangsbedingungen wiederhergestellt werden. Die Dinge, die für das Spiel gebraucht wurden, werden am Anfang gemeinsam (solange das Kind die Ordnung noch lernt) und später dann von dem Kind selbstständig aufgeräumt. Es ist ausgesprochen ratsam, in dieser Frage sehr konsequent zu sein. Manchmal bleiben die Arbeiten auch stehen, weil das Kind noch weitermachen will. Das ist in Ordnung. Aber man muss es im Auge behalten.

„Wenn es aus seiner Konzentration erwacht, scheint es die Welt, die es umgibt, das erste Mal zu spüren wie ein unbegrenztes Feld für neue Entdeckungen; es bemerkt auch die Gefährten, denen es ein herzliches Interesse entgegenbringt. In ihm erwacht die Liebe für die Personen und die Dinge. Freundlich und herzlich allen gegenüber ist es bereit, jedes schöne Ding zu bewundern. [...] Das Kind begibt sich schlicht in eine Haltung tiefer Isolierung, und in ihm bildet sich ein starker, ruhiger Charakter, der Liebe um sich ausstrahlt" (Montessori 1972a: 246).

Eine Vorbereitete Montessori-Umgebung für zu Hause

Wir wissen ja bereits: Eine Vorbereitete Umgebung ist die angemessene Antwort auf eine sensible Phase – und wenn alles zusammenpasst, können wir die Polarisation der Aufmerksamkeit erleben. Und das sollte doch auch zu Hause möglich sein.

Lea und Marco, beide etwa zwei Jahre alt, kommen aus völlig unterschiedlichen Familien. Lea kommt aus einer Akademikerfamilie, die in einem Eigenheim in der Stadt wohnt, Marco aus einer Handwerkerfamilie vom Land.

Lea

Lea kommt so gegen 8 Uhr in die Montessori-Kinderstube. Am Treppenabsatz lässt sie den Papa zurück und geht schnurstracks auf die Garderobe zu.
Den Anorak auf den Bügel und dann auf die Stange hängen. Hinsetzen, Schuhe öffnen, Hausschuhe anziehen. Die Frühstückstasche nehmen und durch die kleine Kinderküche in den Gruppenraum kommen. Sich dort kurz umschauen, zurückgehen in den Frühstücksraum. Einen Joghurt aus dem Täschchen holen und in den Kühlschrank stellen. Der Erzieherin, wieder im Gruppenraum, „Guten Morgen" sagen. Dann aus einem Regal ein Montessori-Material holen und mit der „Arbeit" beginnen.

Marco

Da ist aus dem Sandtablett (einem wunderschönen Material, in das man zum Beispiel mit dem Finger malen kann) einiges auf den Korkfußboden geraten. Das muss natürlich aufgefegt werden. Die Montessori-Pädagogin kniet am Boden mit Handfeger und Schaufel. Marco kommt dazu. „Willst du mir helfen?" Marco nickt. Zunächst hält die Erzieherin das Kehrblech, und Marco fegt den Sand darauf. Aber das gefällt ihm so nicht. Er nimmt sich unaufgefordert eine kleine hölzerne Kehrschaufel und einen kleinen Besen aus der Ecke und fegt jetzt selbst mit der einen Hand den Sand auf die kleine Schaufel, steht auf und schaut die Erzieherin fragend an. Sie zeigt ihm einen bestimmten Eimer; er geht, eine Stufe überwindend, dorthin und leert seine Schaufel. Dorthin gehört eben der Sand.
Und so würde Lea wohl auch zu Hause auffegen. Und für Marco gibt es neuerdings seine eigene kleine Garderobe.

Die Eltern dieser beiden haben auf ihre Weise versucht, das, was sie in der „Kinderstube" beobachtet haben (denn die Eltern sind dort – nach klaren Regeln – Gäste), auch zu Hause umzusetzen. Und es ist ihr gutes Recht, herauszufinden zu wollen, ob „Montessori" auch dort gelingen kann. Jetzt gibt es ein (Montessori-bezogenes) Wechselspiel zwischen der Einrichtung und dem eigenen Zuhause: eine klassische „Win-win-Situation".

Unabhängig voneinander, aber auch als Ergebnis etlicher Gespräche haben diese beiden und auch etliche andere Familien einige Wohnprinzipien in die Praxis umgesetzt, ganz nach den jeweiligen Möglichkeiten.

„Die Vorbereitung der Umgebung *und die* Vorbereitung des Lehrers *sind das praktische Fundament unserer Erziehung"* (Montessori 1965: 21).

Aber klar ist auch: Nichts geht ohne Vorbereitung – und ohne den Mut, die eigene Familienumwelt neu zu denken und vielleicht auch neu zu gestalten. An den Wohnbedingungen sollte das jedenfalls nicht scheitern.

Wohnung als „Vorbereitete Umgebung"

„Wir verstehen unter Erziehung, der psychischen Entwicklung des Kindes von Geburt an zu helfen. *[...] Die Hilfe, die wir zu geben vermögen, liegt in der äußeren Welt"* (Montessori 1965: 8).

Montessori verlangt eine äußere Welt, welche das Kind aktiv sein lässt.

In der vom Alltag oft ziemlich gestressten Familie von heute dreht sich allerdings das Rädchen munter weiter, zahlreiche Eindrücke prasseln im Laufe des Tages auf die Kinder ein. Es wird „gezappt", häufig wechseln die Aktivitäten, und angesichts der verschiedenen Bedürfnisse der Familienmitglieder geht es oft durcheinander.

Kann man denn unter solchen Umständen gleichzeitig dem Kind eine Vorbereitete Umgebung anbieten, die bis in die Strukturen und Abläufe hinein klar und durchschaubar sowie absolut verlässlich ist und die allen Beteiligten guttut? Man sollte sich mal die Mühe machen und nachrechnen, wie viele Stunden seines Lebens ein Kind bis zum 18. Geburtstag in einer Umgebung verbringt, auf die es selbst zunächst gar keinen, später dann vielleicht nach und nach immer mehr, aber insgesamt eigentlich doch eher geringen Einfluss hat.

Rechnet man die Krippe dazu, sind es in der Kindertagesstätte 4000 Stunden – und dann weitere 4000 Stunden in der Grundschule. Und wenn das Kind schließlich aufs Gymnasium kommt, verbringt es, alles zusammengerechnet, rund 18.000 Stunden Lebenszeit in institutionell definierten Lebensräumen. Von uns selbst wissen wir, dass eine lieblose, ungemütliche, kalte, aber auch eine vollgestopfte, überfüllte, laute Umgebung durchaus krank machen kann. Körperlich wie seelisch.

Deswegen ist ein bedeutungsvolles Kriterium für die Auswahl einer Kindertagesstätte auch der Raum und dessen Gestaltung.[46]

„Das Montessori-Haus ist die ruhige und gesunde Umgebung, in der sich die latenten Energien des Kindes auswirken können" (Montessori 1965: 20).

---

46 Ausführlicher dazu Steenberg 2015, 29–33.

Von Baubiologie und ökologischem Wohnen im heutigen Sinne hatte Montessori keine Ahnung. Aber vielleicht würde sie den Eltern heute raten: Denken Sie schon bei der Ersteinrichtung Ihrer Wohnung, ja schon bei der Auswahl der Wohngegend – natürlich nach Ihren (nicht zuletzt auch finanziellen) Möglichkeiten – daran, dass da mal ein Kind groß werden soll.

Bitte bedenken Sie: Ihre Wohnung ist Teil Ihres Liebesangebotes an Ihr Kind, und sie ist ein „Miterzieher".

Montessori unterscheidet zwischen einem „physischen" und einem „psychischen" Raum, in dem das Kind leben, lernen und sich entwickeln soll. Und sie kritisiert, dass oftmals – bei bestem Willen auf Seiten der Erwachsenen – die psychischen Wohnbedürfnisse der Kinder nicht befriedigt werden, weil man sie nicht kennt.

Was kann man ganz praktisch zu Hause tun, um die eigene Wohnung „Montessori-kompatibel" zu machen?

Eltern müssen für sich akzeptieren, dass das Kind eine besonders für es gedachte „Vorbereitete Umgebung" braucht.

„Das Kind weiß nicht, wie es sich diese Umgebung selbst schaffen soll. Nur der Erwachsene kann es tun, und das ist die einzige tatsächliche Hilfe, die man dem Kind geben kann" (Montessori 1965: 20).

Bei der Ersteinrichtung wird intensiv geplant: Dort kommt der Fernseher hin, dort die Boxen, dort das Heimkino, die Küche war sagenhaft teuer, das Wohnzimmer sollte besonders gemütlich sein: Glastisch, empfindliche Ledermöbel, ein geräumiges, luxuriöses Bad, wenn es geht – usw., usw. Kinderzimmer werden allerdings bei der Wohnungsgestaltung oft (wenn überhaupt) als Allerletztes bedacht. Mit Blick auf die Sensibilitäten der ersten sechs Lebensjahre (Bewegung, Sprache, Ordnung – Analyse der Erfahrungen, soziale Kontakte, zunehmende Selbstständigkeit) dürften manche (zukünftige) Eltern aber durchaus noch einmal durch ihre Wohnung gehen und sich fragen: Wie wohnlich ist unsere Wohnung für unser Kind?

Seine Wohnung neu sehen: die Montessori-Wohnperspektive

Die andere Garderobe

Kinder ab etwa 14–16 Monaten sind durchaus in der Lage, ihre Jacke selbst aufzuhängen und ihre Schuhe zu öffnen und auch anzuziehen. Sie brauchen aber eine Kindergarderobe in der richtigen Höhe und ausreichend Raum. Natürlich reicht dafür notfalls auch ein Haken an der Wand. Aber schöner wäre eine kleine Stange, an die man einen kindgemäßen Kleiderbügel hängen kann. Ganz gleich, ob mit Bügel oder ohne, eines ist wichtig: Es darf immer nur ein Kleidungsstück dort aufgehängt werden. So wird das Anziehen für das Kind – mit konsequent abnehmender elterlicher Hilfe – zu einem Erfolgserlebnis.

Selbst-
ständigkeit

Am besten mit Hilfe der „Anziehrahmen" (eines klassischen Montessori-Materials, das man auch für sich zu Hause herstellen kann) kann das Kind Schritt für Schritt lernen, wie man beispielsweise Reißverschlüsse schließt, eine Schleife bindet, eine Jacke zuknöpft.

Der materielle Aufwand für eine solche Garderobe ist gering, die Wirkung beträchtlich. Das Kind weiß: Dies ist der Ort, wo ich meine Jacke und meine Schuhe finde und wo sie hingehören. Und weil die Eltern ihm beim Anziehen und Ausziehen die erforderliche Zeit lassen und gegebenenfalls bei der einen oder anderen Bewegung unterstützend eingreifen, sich aber so schnell wie möglich zurückziehen, gewinnt es von Mal zu Mal an Selbstsicherheit und Selbstbewusstsein.

Das andere Badezimmer

Es gibt leider noch kein mitwachsendes Badezimmer. Aber es gibt für das kleine Kind Möglichkeiten, im Badezimmer heimisch zu werden – zunächst gemeinsam mit den Eltern, später aber auch selbstständig. Das ist ganz im Sinne Montessoris.

Spielen
mit Wasser

Kinder lieben es, mit Wasser zu spielen, aber an das Waschbecken kommen sie nicht heran: Zu hoch. Eine kleine, einstufige Leiter (oder ein rutschfester Hocker) kann hier Abhilfe schaffen. Und mit etwas Fantasie ist es auch machbar, dass ein Kind sich die Seife, die Fingernagel- und die Zahnbürste in Griffnähe holen kann. Kinder waschen sich ausdauernd. Die Freude am Umgang mit Wasser, der Vorgang an sich ist es, der sie so fasziniert.

„So, jetzt bist du aber sauber" – das ist für ein Kind noch lange kein Grund, sein Wascherlebnis abzubrechen. Auch hier gilt: Zeit lassen und beobachten.

Sie würden ja so gerne in den Spiegel schauen – die Fähigkeit, sich freudig im Spiegel zu entdecken und nicht vor diesem eigenartigen Gegenüber zu erschrecken, reift im zweiten Lebensjahr. Wie wäre es mit einem Spiegel in Kinderaugenhöhe?

Und wann kommt die Toilette, das Kinderklo (oder das Töpfchen)?

Einfach sollte es sein, zweckmäßig, rutschfest. Möglich wäre aber auch ein Aufsatz auf das große WC. Dann aber sollte das Kind auch hochkommen können (kleiner Hocker). Wir wollen (im Sinne Montessoris) Selbstständigkeit. Also: Sobald das Kind „kann", soll es auch eine passende „Vorbereitete Umgebung" vorfinden.

Kindertoilette

Ab wann können Kinder denn „ihr Geschäft" selbstständig verrichten? Die Signale ihres Darms und ihrer Blase spüren sie schon gegen Ende des zehnten Monats deutlich. Wenn sie dann aufrecht sitzen und erst recht wenn sie gehen können, ist die Muskulatur vorbereitet, sich dem kindlichen Willen unterzuordnen, wenn die Eltern dies zulassen.

Den Zeitpunkt des „Ich muss mal" kann man allerdings nicht fremdbestimmen. Eltern sollten warten, ermuntern, fragen – nie aber etwas erzwingen, indem sie ein Kind zum Töpfchen verurteilen.

Heute ist es leider oft anders. Aus Zeitmangel bleibt die Windel so lange Begleiter des Kindes, bis es nun wirklich nicht mehr geht oder aber der Kindergarten (ab dem dritten Lebensjahr) ein „trockenes Kind" fordert.

Das Kind spürt eine volle Windel. Es kann sich sogar daran gewöhnen. Aber wem nützt das? Wer „muss" und dies spürt, sollte auch „dürfen" können.

Eine spezielle „Übung des täglichen Lebens" ist für das Kind (spätestens wenn es 16–18 Monate alt ist) das Po-Abputzen. Eltern sollten sich darauf vorbereiten mit einer „Analyse der Bewegung". Wiederum geht es Schritt für Schritt und sehr langsam. Die „Fehlerkontrolle" ist hier leicht sichtbar. Bei diesem Vorgang bedarf das Kind einer Ermutigung, niemals aber eines Tadels. So wird unkompliziert und in vertrauter Umgebung Hygiene eingeübt. Und anschließend werden immer die Hände gewaschen.

Natürlich sehen die Kinder, wenn Mama sich kämmt und Papa sich rasiert. Lassen Sie also Rollenspiele zu. Vielleicht halten Sie einen kleinen Kamm oder eine kleine Bürste bereit, sodass das Kind selbstständig zugreifen, nachmachen und erproben kann. Ein kleiner Handspiegel oder ein Kinderspiegel machen das Ganze noch attraktiver. Auch hier sind, wie auch sonst, der Fantasie kaum Grenzen gesetzt.

Kriechen Sie einmal auf den Knien in Kinderaugenhöhe durch Badezimmer, um zu entdecken, was Kinderaugen wahrnehmen. (Dasselbe gilt übrigens für alle Räume.) Leicht entdecken Eltern dann den „Aufforderungscharakter" z.B. einer Klobürste ...

Die andere Küche

Für kaum etwas wird bei der Wohnungseinrichtung so viel Geld ausgegeben wie für die Küche. Da geht es um Ergonomie und Funktionalität, neueste Technik und Ökologie, Schnelligkeit und Genuss, Effektivität und Ästhetik. Aber geht es auch um Kindgemäßheit, um Kinderverträglichkeit? Darf eine Küche Erlebnis- und Lernort für kleine Kinder sein? Oder muss man sie vielleicht doch gleich ein abschreckendes Erlebnis mit der heißen Herdplatte machen lassen? Was macht die Küche für Kinder (spätestens ab dem Krabbelalter) so attraktiv? Und worauf wäre (auch noch) im Sinne Montessoris zu achten?

Attraktivität   Die Küche – das ist für die Kleinsten und die Kleinen ein Ort voller Geheimnisse. Von unten her sehen sie nicht viel, aber es gibt dort eine Vielfalt unterschiedlichster Gerüche und Geräusche. Und sie ist auch ein Ort voller Herausforderungen. Da gibt es Knöpfe, die man ergreifen und drehen, Türen, die man bewegen, Schubladen, die man herausziehen, und Schränke, die man öffnen kann. Und dann die überwältigende Vielfalt blitzender und tönender Gerätschaften. Und nicht zuletzt ist die Küche der Ort, wo Mama oder Papa oft sind.

Montessori-gerechte Küchenplanung heißt:
Alles, was gefährlich ist, befindet sich außer Reichweite.
Die Drehknöpfe der Kochplatte und des Backofens zum Beispiel müssen nicht an der Vorderfront, sie können auch auf der Arbeitsfläche montiert sein.
Schubladen laufen auf Teleskoprollen, aber sie haben eine Sperre kurz vor dem Schließen – eine Kinderhand kann so nicht eingeklemmt werden.
Alles, was in Augen-und Griffhöhe des Kindes ist, sollte das Kind unbedenklich auch in die Hand nehmen und damit experimentieren können.
So ist die Küche zunächst insofern eine „Vorbereitete Umgebung", als sie nicht zur Gefahrenzone für Kinder erklärt werden muss.

Es versteht sich, dass Eltern ihr Kind zunächst nicht allein in der Küche zurücklassen. Aber Schritt für Schritt (also wenn das Kleine laufen kann) wird es auch mit den verschiedenen Zonen – auch den Gefahrenzonen – der Küche bekannt und schließlich vertraut gemacht.

Die Begriffe für die verschiedenen Geräte werden behutsam mitgeliefert (Pfanne, Topf, Messer, Gabel usw.).

All dies geht am besten, wenn man die Kinder an der eigenen Arbeit teilhaben lässt. Einen Apfel schälen können Kinder beispielsweise bereits im Alter von 2–3 Jahren. Damit das gelingt, verlangt Montessori vom Erwachsenen zuvor eine eigene und sehr genaue Analyse des jeweiligen Vorgangs (*„Analyse der Bewegung"*).

Ablaufen könnte das Schälen eines Apfels z. B. so:

Sie machen jede der Bewegungen, aus denen sich der Vorgang des Schälens zusammensetzt, sehr bewusst, sehr sorgfältig, ganz langsam, wirklich im Zeitlupentempo: das Schälmesser in die Hand nehmen; den Fingergriff ganz langsam zeigen und dabei deutlich machen (vielleicht sogar mehrfach), wie fest das Messer zu greifen ist; den Apfel mit der anderen Hand greifen und ihn so drehen, dass die Schnittfläche gut im Blick liegt; jetzt das Messer ansetzen und die Schälbewegung ganz langsam durchführen, sodass der Druck auf die Schale wahrnehmbar ist; schließlich die Schälbewegung beenden, und zwar so, dass Messer und Apfelschale eindeutig getrennt voneinander liegen.

Beispiel: einen Apfel schälen

Zunächst lassen Sie das Kind Ihnen beim langsamen ersten Schälen zuschauen. Machen Sie es ruhig auch mehrfach vor – mehr als einen Apfel brauchen Sie dazu nicht. Am Anfang steht eine kurze Einleitung („Schau mal, jetzt schäle ich uns einen Apfel"), alles andere geschieht dann ohne Worte. Das Kind soll nur auf Ihre Hand konzentriert sein. Nach mehreren Wiederholungen kann es sein, dass das Kind Sie fragend anschaut. Das ist dann der Hinweis: Jetzt will ich es mal probieren. Und dann fragen Sie: „Möchtest du es auch mal versuchen?" Möglichweise hat das 2- bis 3-jährige Kind auf diese Weise bald den Schlüssel zu allen Schälvorgängen in der Hand. Es will mitmachen – und ist zufrieden, wenn es dazu Gelegenheit hat.

Generell kann sich ein Kind mit 18 Monaten mit Messer und Gabel vertraut gemacht haben. Und bald kann es dann auf seine Weise mitarbeiten beim Herrichten kleiner Speisen, beim Anreichen von Zutaten, beim Backen und ein bisschen auch schon beim Servieren.

Eine sinnvolle Investition wäre es, die wichtigsten Küchengerätschaften in passender Größe auch für das Kind bereitzuhalten. Dabei ist es wichtig, dass das Material wirklich benutzt werden kann. Es sollte also kindgemäß funktional sein. Die Küche wird so zu einem Ort kindlichen Wachstums voller Lebensfreude und Sinneslust.

Mittun des Kindes

Und dies könnten *elementare Montessori-Küchenerfahrungen* sein:

> im Tragealter: riechen, sehen, hören

> im Krabbelalter: überall hinkrabbeln dürfen, gefahrlos Türen und Schubladen öffnen und ausräumen dürfen (das Einräumen kommt später)

> im Laufalter, wenn das Kind über ein sicheres Gleichgewicht und über Bewegungssicherheit verfügt:

♦ Ein kleiner Tritt (einstufig) dient zum besseres Zuschauen.

♦ Ein gleichzeitiges spielerisches Mitkochen wird ermöglicht durch entsprechende Geräte.

♦ Kleine Hol- und Bringaufträge werden mit Begeisterung erfüllt.

♦ Das Kind wird dabei mit echtem Glas und Porzellan (oder Keramik) behutsam umgehen, wenn ihm vorher gezeigt wurde, wie es geht.

♦ Eltern und Kinder decken gemeinsam den Tisch.

All dies wird zum spannenden Erlebnis. (Die Fehlerkontrolle ist dabei eindeutig, und das Kind wird recht bald die erforderliche Vorsicht an den Tag legen.) Hauptsache, die Eltern lassen es zu, bleiben ruhig, schimpfen nicht, wenn etwas misslingt, sondern zeigen es dem Kind dann eben noch einmal.

Mülltrennung kann schon ab dem 2. Lebensjahr erfolgreich erlebt werden.

Auch das *Aufwischen*, *Fegen* usw. gehören dazu. (Dazu braucht es ein kleines Eimerchen, einen kleinen Wischlappen, einen Besen in passender Höhe usw.)

Und nicht zu vergessen: Alle „Arbeitsmittel" des Kindes haben einen festen Platz, und das Kind räumt konsequent auf – auch wenn wir bisweilen daran erinnern müssen.

Die auch für kleinere Kinder schon möglichen Erfahrungen in der Küche sind elementar, lassen sich in dieser Weise aber nur zu Hause, individuell angepasst, erproben. Und bei diesen Tätigkeiten kommt es – kein Wunder! – oft zur Polarisation der Aufmerksamkeit.

Um es aber noch einmal zu sagen: Was wir den Kindern auf diesem Wege ermöglichen wollen, müssen wir natürlich zuvor selbst erprobt und einer „Analyse der Bewegung" unterzogen haben. Und Hektik oder gar Leistungsdruck sind da völlig fehl am Platz: Wenn das Kind zu hören bekäme: „Nun schäl aber mal endlich den Apfel, verflixt noch mal!", dann wäre der spannende (Montessori-)Lernort „Küche" gründlich verdorben.

Das andere Wohnzimmer

Ich erinnere mich noch gut an jenen Tag, als mein Vater uns mitteilte, wir würden Onkel Helmut und Tante Hertha vorerst nicht mehr besuchen.
Was war geschehen?
Die beiden hatten sich neu eingerichtet. Im Wohnzimmer standen nun wertvolle Möbel. Auf dem Boden lag ein teurer Teppich. Und wir sollten vorsichtig sein und dort nicht mehr spielen dürfen.
Mein Vater sah es so: Die beiden führen im Interesse ihrer Wohnung einen Präventivkrieg gegen meine Kinder. Und die werden sich dort genauso wenig wohlfühlen wie ich selbst, wenn ich ständig mit Verboten und Geboten hantieren muss.

Das Wohnzimmer als Bastion der Behaglichkeit vor den eigenen Kindern schützen müssen? Ist das nicht absurd? Es ist nicht höchst eigenartig, ein Kind, das sich frei bewegen könnte, in einen Stall (Laufstall) zu stecken, um – wen oder was zu schützen?

gegen die Kinder verteidigen?

Was wäre Kindern zu wünschen?

Ein Tisch ohne scharfe Kanten; Sitzmöbel, an denen man sich hochziehen kann und auf die man hochklettern darf; ein Fußboden, der es verträgt, wenn das Kind spuckt; Elektronik und Elektrik, die hinreichend gesichert ist, und in der Nähe vielleicht ein Kindertisch, ein Kindersesselchen.

Montessori hat beobachtet, dass Kinder Schaukelstühle lieben, und auch einige Möbelhersteller haben dies neu entdeckt. Wenn die Gestaltungs- und Farbkultur den Grundsätzen der Natürlichkeit und Ästhetik – mit individuellen Akzenten – entspricht, dann wird sich ein Kind in einer solchen Umgebung wohlfühlen, weil es sich frei bewegen kann, und das Kind wird selbstbewusst werden, weil es dazugehören darf.

Oft ist der Mittelpunkt einer Wohnung der Fernsehapparat oder gar das Heimkino. Hier sollte in den ersten sechs Lebensjahren besondere Vorsicht walten – nicht nur wegen der Fülle der optischen und sprachlichen Impulse, der schnellen Schnitte, der (unsichtbaren, aber wirksamen) elektronischen Impulse, sondern auch, weil dieses Medium nachhaltig in die persönliche Beziehung zwischen den Eltern und dem Kind eingreift.

Rückzugsräume? Aber müssen denn die Kinder immer und überall dabei sein? Wie steht es um Rückzugsräume für Eltern?

Auch hier hat Montessori eine klare Position. Sie erwartet geradezu, dass Kinder in alle Lebenssituationen – von den intimen abgesehen – nach Möglichkeit mit hineingenommen werden.

Kinder, so sieht es Montessori, reichern sich in jeder Situation an (Stichwort absorbierender Geist) und sind dabei Nehmende, abhängig von den Erwachsenen, sie sind aber auch Gebende, weil sie in ihrer Ursprünglichkeit auf eine Welt verweisen, in welcher die Beziehungen noch heil und heilsam waren.

Aber wie die Eltern, so haben, wenn die Verhältnisse es zulassen, natürlich auch die Kinder ein Recht auf einen ganz persönlich geformten Raum, ihr Kinderzimmer.

Das andere Kinderzimmer

„Die Umgebung kann nicht eine Zusammensetzung von Spiel- oder Gebrauchsdingen sein, sie muss Gestalt haben und auf die ganzheitliche Aufnahme des Kindes, nicht auf eine Summe von Möglichkeiten hingeordnet sein" (Helming 1977: 28).

Was wäre nun ein Gestaltungsprinzip für die Planung und Einrichtung eines Montessori-Kinderzimmers?

Dass die Möbel nicht nur nach ökonomischen, sondern auch nach den ökologischen und ästhetischen Vorstellungen der Eltern ausgewählt werden, ist die Regel. Viele Eltern meinen jedoch, auch das Kinderzimmer müsse, ähnlich wie vielleicht die Küche, perfekt durchmöbliert sein. Aber hier ist weniger wohl mehr.

Was ist wirklich notwendig?

Was ein Kind wirklich braucht, ist neben einem Bett – das sollte allerdings wirklich sehr sorgfältig ausgesucht werden – eine Möglichkeit, seine
Spielsachen geordnet unterzubringen.

Möbel

Ein Tischchen in passender Höhe (es gibt ja auch „mitwachsende"
Tische) könnte im Raum sein, ein Stuhl, der zu diesem Tisch passt, und vielleicht auf dem Boden auch etwas zum Kuscheln.

Je älter das Kind wird, desto wichtiger ist auch ein Kleiderschrank in
Augenhöhe des Kindes. Schließlich soll es ab einer bestimmten Zeit auch
selbst mit auswählen können, was es anzieht.

Montessori selbst hat, was die Raumeinteilung anbetrifft, eine klare Vorstellung.

Ein Kinderzimmer, das viel Freifläche am Boden bietet, tut der Psyche
der Kinder gut, meint sie. Und die Forderung, etwa die Hälfte des Raumes
solle frei bleiben, weil Kinder nun mal gerne am Boden spielen und arbeiten,
gehört zu den Grundforderungen für die Einrichtung von Kinderhaus und
Schule. Und etwas Entsprechendes sollte doch auch zu Hause machbar sein.
Das gilt auch noch im Schulalter, wenn flächig oder dreidimensional mit
Material (z. B. LEGO) gelegt und gebaut werden kann.

Freifläche

Montessori-typisch ist die Forderung, dass die Kinder von Anfang an
ihre Möbel selbst pflegen können sollten. Das muss man ihnen auch zum
passenden Zeitpunkt (2. Lebensjahr) zeigen (als eine der Übungen des praktischen Lebens).

Das Gewicht der Möbel sollte so gering sein, dass die Kinder sie auch
selbst bewegen können, um das Gefühl zu haben, dass sie ihren Raum ein
wenig mit einrichten dürfen.

Was die ästhetische Qualität anbetrifft, stellt Montessori fest:

„Die Möbel müssen leicht sein und so aufgestellt, dass das Kind sie
bequem umhertragen kann, die Bilder so niedrig hängen, dass es sie mühelos
betrachten kann; das Kind muss imstande sein, alles zu benützen, dessen es
für die Ordnung des Hauses bedarf, und es muss alle Arbeiten des täglichen
Lebens ausführen können; es muss fegen, die Teppiche kehren, sich waschen,
sich anziehen usw.

Dazu kommen noch andere sehr wichtige Eigenschaften der Dinge. Die
Gegenstände sollen gediegen und anziehend sein. Ein Kinderhaus soll in den
kleinsten Einzelheiten schön und gefällig sein, denn die Schönheit ermuntert
zur Tätigkeit [...] Es besteht, so möchte ich beinahe sagen, eine mathemati-

sche Beziehung zwischen der Schönheit der Umgebung und der Tätigkeit des Kindes" (Montessori 1992: 57).

Wer sicher sein will, ist zurückhaltend beim Kauf von Kunststoff-Mobiliar; Vollholz ist, ungebeizt oder ungiftig lackiert, gewiss weniger problematisch. Regale und Schubladen sollten so sein, dass das Kind sich ohne Gefahr an ihnen hochziehen kann, erst recht im Krabbelalter. Später wird das Kind gelernt haben, seine Spielsachen selbstständig in die Schubladen und in das Regal einzuräumen.

Montessori äußert sich dazu ganz eindeutig: *Die Eltern bringen „das Kind nicht nur in Beziehung zum (Spiel-)Material, sondern auch zur Ordnung in der Umgebung. […] Jeder (Spiel-)Gegenstand muss einen bestimmten Platz haben, wo er verbleibt, wenn er nicht benutzt wird"* (Montessori 2010a: 182).

Das ist für Montessori mehr als eine Formalie. *Ordnung schafft Verlässlichkeit und Sicherheit.*

Problem Umzug

„Wir hatten schon die Sorge, aus unserem Jüngsten würde ein Schreikind werden. Jeden Abend ein Weinen, Schreien, Tränen der Verzweiflung. Wir konnten bald selbst nicht mehr."

Im Gespräch stellt sich heraus, dass diese Symptome mit dem Umzug der Familie in eine andere Wohnung begannen.

Das 6 Monate alte Mädchen hatte nun in einem Kinderzimmer, das größer, heller, kurz: einfach schöner war – so meinten die Eltern –, genügend Platz und alles, was es brauchte.

Veränderungen

Woran sie nicht gedacht hatten: Das Bettchen stand nun nicht mehr an einer Wand, die Spielsachen waren in Schubladen untergebracht, aber anders angeordnet als zuvor. Die Fenster ließen ihr Licht von einer anderen Seite hinein. So fand das Kind beim Aufwachen und beim Schlafengehen seine Welt in Unordnung. Der Blick verirrte sich, die Bezugspunkte, die Geborgenheit gegeben hatten, waren verschwunden. Die Seele schrie also, erst recht in der Dunkelheit, nach Sicherheit.

Über den Verstand allein wird dieses Problem nicht zu lösen sein. Wo vom Kind wahrgenommene Ordnungsstrukturen übernommen werden können, werden sie aber jedenfalls nach einem Umzug so weit wie möglich wiederhergestellt (hier die Einrichtung der Schubladen zum Beispiel).

Außerdem ist in dieser Phase die Präsenz der Eltern von höchster Bedeutung. In unserem Fall ging das so: Langsam und mit dem Kind auf dem Arm ging die Mutter oder der Vater vom Fenster zum Bett. Man setzte sich mit ihm vor die Schubladen und zog diese langsam auf, hob Gegenstände heraus, zeigte sie und machte sie wieder zu. Dann schaute man von den Schubladen aus aufs Bett, und von dort schaute man miteinander auf die Tür.

Das ging mehrere Tage so. Zur Schlafenszeit und nach dem Gute-Nacht-Ritual kamen die Eltern immer wieder einmal herein. Das Kind spürte: Mama oder Papa sind da, auch wenn ich sie nicht sehe.

Das war ein Prozess, der etwa acht Wochen dauerte. Diese Zeit war anstrengend. Dann aber hatte durch die begleitende Nähe der Eltern das Kind an Sicherheit gewonnen und war schließlich zufrieden, es schlief besser ein und später sogar problemlos durch.

Und noch eine Einschlafkatastrophe:

Ich war als Babysitter engagiert. Die Eltern wollten endlich einmal ausgehen. Der kleine Nico aber, sonst eher ein Kind, das schnell einschläft, fand keine Ruhe. Er wälzte sich in seinem Bettchen, strampelte, manchmal wimmerte oder weinte er gar. Er mochte einfach nicht einschlafen. Etwas schien ihm zu fehlen. Schließlich entdeckte ich: Sein Teddy liegt unten links in der Ecke. Er aber war es gewohnt, den Teddy oben im Arm zu halten. Als ich das gefunden hatte, war das Problem gelöst, und er schlief friedlich ein. Alles hatte wieder seine Ordnung.

Tatort Kleiderschrank

Im Kindergartenalter ist damit zu rechnen, dass das Kind sich auch selber etwas zum Anziehen aussuchen möchte. Manche Kinderkleiderschränke sind übervoll. Damit ist es für das Kind schwer, selbst etwas auszuwählen. Hier sollte man das Kind beratend begleiten. Aber man sollte auch Geduld haben und vielleicht sogar eine Erprobung zulassen, wenn es etwas völlig „Unmögliches" ausgesucht hat. Wichtig ist, dass das Kind auch so seine eigene Kultur und sein Empfinden für Schönheit im Zusammenhang mit dem eigenen Körper entwickeln kann. Auch dies ist eine Übung des praktischen Lebens.

Hinweise zu Montessori-geeignetem Spielzeug

Der Spielzeugmarkt ist riesig. Und manche (unaufgeräumten) Kinderzimmer quellen geradezu über von Dingen, die oft nach kurzer Zeit „abgespielt" sind. Und die Zahl der (natürlich gut gemeinten) Spielzeugfehlkäufe ist unübersehbar. Was tun?

Um es gleich zu sagen: Ich plädiere nicht dafür, dass Eltern das teure Montessori-Material kaufen sollen. (Geht das Kind in ein Montessori-Kinderhaus oder eine Montessori-Kinderkrippe, wird es dort dem Material schon begegnen und einen angemessenen Umgang damit lernen.)

Die Frage ist eher: Findet sich auf dem Markt Spielzeug, das Montessori-Kriterien erfüllt und ohne Weiteres auch für zu Hause angeschafft werden kann (oder sich als Geschenk eignet)?

Bei Montessori finden sich eine Reihe von Kriterien, die ein Material erfüllen muss. Einige davon bieten gewiss auch gute Entscheidungshilfen beim Kauf von Spielzeug.

1. Mit dem Montessori-Material werden immer *Grunderfahrungen* gemacht. Und das muss im besten Sinne „kinderleicht" und auf eingängige Weise geschehen. Die zu machende Erfahrung muss zu diesem Kind in dieser Situation passen. Das Material (bzw. Spielzeug) verliert aber auch später seine Attraktivität nicht, sondern wird vom Kind anders wahrgenommen.

   Grund-erfahrungen

   Ein gutes Material veraltet also nicht, sondern zeigt immer neu, was in ihm steckt. Wir sprechen von der *Kontinuität* eines Spielzeugs.

   „Spiel doch mal mit mir. Ich zeige dir jetzt etwas, was du bisher so noch nicht entdecken konntest."

2. Montessori-Materialien sind passende Antworten auf Entwicklungsschritte. Alle Montessori-Materialien müssen so gestaltet sein, dass sie die aufeinanderfolgenden Neigungen und Interessen des Kindes entsprechend seinem Entwicklungsstand ansprechen und herausfordern und so einen weiterführenden Lernprozess bewirken. Wir sprechen von der *Progressivität* des Spielzeugs.

   „Spiel mit mir. Du kannst schon jetzt etwas mehr als noch vor einiger Zeit, also verlange ich auch mehr von dir."

3. Montessori-Materialien sind schlicht und einfach gestaltet. Ihre *Einfachheit* ist ihre Stärke. Die Einfachheit findet sich vor allen Dingen in der Struktur der Gegenstände, die immer auch die motorischen und

psychischen Voraussetzungen des Kindes aufnimmt. Jede Überforderung muss von Anfang an ausgeschlossen werden, weil sie die Freude am Spiel nimmt.

„Spiel mit mir. Ich zeige dir, was du mit mir machen kannst; es ist ganz einfach, und du schaffst es."

4. Montessori-Materialien verlocken zu *Aktivität*.

   Gestalt und Farbe haben einen ganz entscheidenden Einfluss darauf, ob ein Kind auf das Material zugeht und mit ihm spielt. Das Kind soll sich angesprochen fühlen. Jedes Material hat einen unmittelbaren *Aufforderungscharakter*.

   „Es wird dir Freude machen, etwas mit mir zu tun. Also spiel mit mir."

Aktivität

5. Nicht zu leicht, nicht zu schwer, nicht zu groß, nicht zu klein: Montessori-Material muss *angemessen* sein. Die Vorbereitete Umgebung einer Montessori-Einrichtung nimmt in allen Elementen Maß am jeweils kleinsten oder schwächsten Kind. Das gilt in besonderer Weise für das Material. Sonst würden die Kinder auch nicht darauf zugehen, und das Material könnte fast als Bedrohung erscheinen. Wichtig ist also eine *Proportionalität* des Materials.

   „Nimm mich und spiel mit mir, ich passe zu dir."

Angemessenheit

6. Montessori-Materialien sind niemals verwirrend. Es geht immer nur um eine einzelne Herausforderung. Kinder lassen sich gerne herausfordern. Aber sie haben keine Freude daran, von mehreren Problemen und Ansprüchen gleichzeitig gefordert zu werden. Das versteht natürlich auch jeder Erwachsene, denn ihm geht es oft genauso. Nun hat aber jeder Gegenstand mehrere Merkmale: Auch wenn es beispielsweise bei einem Material um Farbe geht – das farbige Stückchen Holz hat immer auch ein Gewicht. Montessori-Material ist so konzipiert, dass nur ein Merkmal, ein Problem, eine Schwierigkeit so eindeutig dominiert, dass alle anderen Eigenschaften gleichsam dahinter verschwinden. So kann das Kind sich auf das Wesentliche konzentrieren und wird nicht abgelenkt. Es gibt also eine *Isolierung der Schwierigkeit*.

   „Spiel mit mir. Ich werde dich nicht überfordern oder verwirren."

Eindeutigkeit

7. Montessori-Material bleibt für das Kind auch von der Menge her immer überschaubar. Wenn dem Kind viele einzelne Elemente und dann noch vielerlei angeboten wird, ermüdet es leicht. Anfang und Ende des Spiels werden begrenzt durch die Menge, die angeboten wird. So hat jedes Material in sich einen Rhythmus – sei es dadurch, dass Gleichartiges

Überschaubarkeit

gepaart wird, oder durch mathematische Strukturen. Kaum ein Material für die ersten sechs Jahre hat mehr als zehn Elemente (und in der Krippe sind es noch weniger). Die mengenmäßige Begrenzung ist also eine notwendige Orientierungshilfe für das Kind.

„Spiel mit mir. Du verlierst nie den Überblick."

8. Jedes Montessori-Material hat einen eindeutigen Sinn und ein eindeutiges *Ziel*. Es steht ganz für sich selbst. Der autonome Charakter eines Materials sorgt dafür, dass ein Kind bei einem Lernvorgang sich nur mit den Phänomenen dieses einzigen Materials auseinandersetzen muss. So erkennt es seine Gesetze und seine Ziele, macht eigene Erfahrungen und gewinnt dadurch Erkenntnisse.

immanentes Ziel

„Mit mir erreichst du gewiss dein Ziel."

9. Montessori-Material soll wertvoll gemacht und schön anzusehen sein. Manchmal erntet man Kopfschütteln, wenn man die Preise für Original-Montessori-Material nennt. Geht es nicht billiger? Jedes dieser Materialien ist jedoch von hoher Qualität. Kunststoffe werden so weit wie möglich vermieden. Das Holz ist aufwendig verarbeitet, der Lack von hoher Qualität. Kurzum: Haltbarkeit und Schönheit kommen im Montessori-Material zusammen. Es vereint in sich sachlichen Anspruch und ästhetische Qualität.

Schönheit

„Ich bin schön für dich gemacht."

10. Montessori-Material weist einem Kind den Weg, Lösungen selbst zu finden. Wer selbst etwas tut, will es auch richtig machen. Und wer Fehler macht, möchte das am liebsten selber herausfinden und aus eigener Kraft korrigieren. So hat jedes Montessori-Material gleichsam eine *innere Fehlerkontrolle*. Das Kind wird ermutigt, es noch einmal zu versuchen.

Fehlerkontrolle

„Hab keine Angst, etwas falsch zu machen. Du findest selbst die Lösung."

11. Montessori-Material erreicht, dass das Kind systematisch zum richtigen Lösungsweg geführt wird. Montessori-Materialien geben dem Kind unmittelbar ihre Bedeutung zu verstehen. So, wie sie sind, teilen sie dem Kind mit, was es mit ihnen tun kann. Gebrauchsanweisung und Zielsetzung sind bereits im Material erkennbar. Seine *Funktionalität* wirkt wie ein Wegweiser.

Funktionalität

„Probiere mich ruhig aus – ich zeige dir, wie du mit mir so umgehen musst, dass du alles durch mich erfährst."

12. Montessori-Materialien gehen immer den Weg über die Sinne in den Verstand. Das ist ein zentrales Ergebnis der Lernpsychologie: Was über die Sinne erlebt und erkannt wurde, kann ohne Probleme vom Verstand aufgenommen und verarbeitet werden. So führt der Weg von der Sinnes- **Be-greifen** erfahrung durch Bewegung und Begreifen (im wörtlichen Sinne) zu Begriff und Verständnis. Das ist *ganzheitliches Lernen.*

   „Durch mich lernst du, was Begreifen heißt."

13. Montessori-Materialien sind niemals Selbstzweck. Sie zielen auf Weiter-entwicklung. Das Montessori-Material hat seinen Dienst erfüllt, wenn **Übertragbarkeit** das Kind sich von ihm lösen und das, was es gelernt hat, in der umge-benden Welt anwenden kann. Man nennt das Transfer. So wird das Material ein *Schlüssel zur Welt.*

   „Ich öffne dir die Tür zur Welt."

14. Montessori-Material öffnet *neue Horizonte.*

   Es ist abzusehen, dass die Arbeit mit einem Montessori-Material für das Kind bald erfolgreich beendet ist. Was dann? Das Montessori-Material hat zwei Dimensionen: Weiteres Material führt weiter in die Tiefe (im **weiterführende** Hinblick auf die Problematik oder auf die Fähigkeiten des Kindes), oder **Horizonte** aber es geht in die Breite der Anwendung. Man kann also sagen: Jedes Material ist so etwas wie eine Kreuzung. Von ihm aus kann es in ver-schiedene Richtungen weitergehen.

   „Du willst mehr? Du willst weiterkommen? Du suchst den nächsten Schritt? Kein Problem. Du findest in einer neuen Herausforderung immer schon das Vertraute. Wenn nötig, kannst du einen Schritt zurückgehen, du kannst aber auch einen Schritt vorangehen."

Dialog beim Spielzeugkauf

Beim Spielzeugkauf sind Ihr wichtigster Berater Sie selbst! Nur Sie kennen Ihr Kind und seine Bedürfnisse. Damit Sie diese besser verstehen und auch beim Spielzeug gut darauf reagieren können, stellen wir uns vor, Sie gehen mit Ihrem Kind in einen gut sortierten Spielzeugladen.

Versuchen Sie sich (von einem Verkäufer ungestört) in Ihr Kind hinein-zuversetzen und herauszufinden, welche „Sprache" dieses Spielzeug spricht. Mit anderen Worten: Sie wechseln die Perspektive. Und einige typische Sätze, die ein im Sinne Montessoris geeignetes Spielzeug zu Ihnen „sagen" könnte, habe ich eben vorzuformulieren versucht …

Bringen wir es (in Auswahl) noch einmal auf den Punkt:

➤ Ein gutes Spielzeug hat einen hohen (und nachhaltigen) Aufforderungscharakter.

➤ Ein gutes Spielzeug passt zur aktuellen sensiblen Phase des Kindes.

➤ Ein gutes Spielzeug hat nur *ein* herausragendes Merkmal (nicht Farbe, Form, Klang usw. gleichzeitig).

➤ Ein gutes Spielzeug verlangt und fördert bestimmte Fähigkeiten. Den Erfolg kann das Kind selber feststellen, und deshalb wird es immer wieder damit spielen.

➤ Ein gutes Spielzeug hat „Nachbarn", es baut auf dem vorherigen auf und hilft es weiterentwickeln.

➤ Ein gutes Spielzeug ist aus wertvollem Material und schön gemacht.

➤ Ein gutes Spielzeug spricht immer „eine eigene Sprache" und erklärt sich beinahe schon selbst.

DAS BESTE PÄDAGOGISCHE ANGEBOT FÜR IHR KIND

Montessori-Einrichtungen von innen betrachtet

Maria Montessori hat entdeckt, dass das Kind, richtig verstanden, seinen Bildungs- und Lehrplan in sich trägt.

Bisweilen haben pädagogische Einrichtungen die Sorge, staatlich verordnete Bildungs- oder Lehrpläne (auch schon im Kindergarten) umsetzen und für deren Umsetzung alles Mögliche an Motivation leisten zu müssen.

Die Montessori-Pädagogik setzt anders an.

Sie baut auf die Lernlust und die Selbstbildung der Kinder und bietet ihr den entsprechenden Horizont. Noch so gut gedachte Pläne haben noch nie glückliche Kinder hervorgebracht. Es ist aber in der Tat so, dass Einrichtungen von hoher pädagogischer Qualität, beginnend bei der Krippe und endend beim Abitur, oft mitentscheidend sind für die gesamte Entwicklung und Stimmung in der Familie.

Eltern haben in jedem Fall ein Recht auf die beste Bildung ihres Kindes.

Montessori-Pädagogen antworten auf die besorgte Frage, ob man denn alles erreiche, was der Staat so vorschreibe, typischerweise: *„Gleichwertig* sind wir auf jeden Fall. Aber wir wollen und müssen nicht *gleichartig* sein."

Lernlust – Selbstbildung

Die ersten drei Lebensjahre in der Montessori-Krippe („nido dei bambini")

Schon der Name sagt es: Es geht um ein „Nest für Kinder". Es soll Geborgenheit, Sicherheit, Mütterlichkeit, Wärme vermitteln und gleichzeitig alle Potenziale des Kindes altersgemäß entwickeln helfen.

Montessori selbst hat sich noch im hohen Alter intensiv um die ersten drei Lebensjahre gekümmert. Ein ausdrückliches Konzept für dieses Alter konnte und wollte sie allerdings nicht liefern: Für sie war die Vorstellung, dass das Kind in den ersten drei Jahren nicht durchgängig zu Hause sein könnte, eigentlich nicht realistisch. Aber sie fordert in ihrem Buch *Das Kind in der Familie* (Montessori 2011), die pädagogische Kompetenz der Eltern durch eine Elternschule (Mütterschule) zu erhöhen. Sie sah also durchaus die Möglichkeit, dass ihre Grundprinzipien auch in den ersten drei Lebensjahren umgesetzt werden können. Ihre Forderung lautet: *„[Deshalb] müsste unsere Hilfe für das Neugeborene der bedeutsamste und selbstverständlichste Teil unserer Kultur sein"* (Montessori 2011: 10 Anm. 5). Und sie fährt fort: *„Ein sorgfältiges, bis ins kleinste gehendes Studium der Pflege des Neugeborenen, das ihm bei seiner schwierigen Anpassung an die Umwelt helfen soll – das müsste das erste Kapitel der Wissenschaft des Lebens sein"* (Montessori 2011: 14 Anm. 21).

Eine neue Haltung im Sinne einer Erziehung, die zunächst beobachtet, bevor sie sich anmaßt, das Kind erziehen zu wollen, möchte Montessori auch in den Familien am Werk sehen. *„Wir müssen dem Kind eine Umgebung geben, die ihm allein gehört"* (Montessori 2011: 85).

> *Die sensiblen Perioden, die Vorbereitete Umgebung, der achtsam beobachtende Pädagoge und die Polarisation der Aufmerksamkeit – wenn ein gutes Zusammenspiel dieser Elemente gelingt, wird das Kind seine Potenziale frei entwickeln können.*

Nun gibt es aber (wie gesagt) für die ersten drei Lebensjahre keine unmittelbar auf Maria Montessori zurückgehende Einrichtung. Solche Einrichtungen wurden erst geschaffen, als sich in unserer Gesellschaft die Sichtweisen veränderten: Einerseits wurden die ersten drei Lebensjahre als Schlüsseljahre für die Entwicklung des Menschen erkannt, und gleichzeitig wurde der Blick auf die gesellschaftliche und (vor allem auch) berufliche Tätigkeit der Mutter gelenkt.

Die *Montessori-Krippe* (man sollte wohl besser von einem „Kinderhäuschen" oder einer „Kinderstube" sprechen) ist also nicht im selben Sinne wie beispielsweise die Montessori-Schule in der Primarstufe Montessori-stan-

kein volles Montessori-Konzept für U3

dardisiert. Aber sie hat in der vergangenen Zeit zunehmend an Profil gewonnen. Die Montessori-Akademie Süd[47] hat zum Beispiel als Erste eine Zusatzqualifikation im Sinne Montessoris für die ersten drei Lebensjahre entwickelt, die Deutsche Montessori-Vereinigung und andere haben nachgezogen und weitere Konzepte angeboten. So kann man davon ausgehen, dass für eine Montessori-Krippe auch fachlich weitergebildete Pädagoginnen und Pädagogen zur Verfügung stehen.

Das *erste Lebensjahr* soll dabei als Entwicklungsjahr mit eigenen Anforderungen auch eine eigene Umgebung haben, d.h. der Raum für das erste Jahr sollte auf jeden Fall von den anderen Räumen abgeteilt sein.

1. Lebensjahr

Für das *zweite und dritte Lebensjahr* ist der Raum bereits in die klassischen Zonen der Montessori-Praxis eingeteilt. Es gibt eine Zone für die Übungen des täglichen Lebens, es gibt eine Zone für das Sinnesmaterial, es gibt einen Bereich für kreatives Arbeiten, es gibt eine Frühstücksecke, in der die Kinder selber den Tisch decken und spülen können. Und im Bad gibt es Waschbecken in kindgemäßer Höhe und passende Toilettensitze.

2. und 3. Jahr

Neben den *elementaren Montessori-Materialien*, die teilweise reduziert angeboten werden (rosa Turm, braune Treppe, Einsatzzylinder, farbige Zylinder, rote Stangen usw.), finden die Kinder spezielle sogenannte „Säuglings-/Kleinkind-Montessori-Materialien", welche die Psychomotorik der ersten beiden Lebensjahre systematisch und analytisch fördern.

Materialien

Eine begleitende *Elternarbeit* eröffnet den Zugang zu den gemeinsamen, regelmäßig gesungenen Liedern, gibt Hinweise für anschaffenswerte Bilderbücher, thematisiert die individuelle Entwicklung und bereitet vor auf den gleitenden Übergang ins Montessori-Kinderhaus.

Elternarbeit

Exkurs: Welche Krippe ist die beste für unser Kind?

Für viele Eltern kommt die erste Trennung von ihrem Baby emotional viel zu früh. Eine „Krippe" soll oder muss vielleicht schon im ersten Lebensjahr das Zuhause ersetzen. Wenn Eltern oder Alleinerziehende heute die Frage nach der „besten Krippe" stellen, geschieht dies also oft mit einem leisen Unterton des Bedauerns. Es gibt für sie heute viele Sachzwänge.

Montessori selbst hätte die Frage wohl überhaupt nicht verstanden: Für sie war völlig klar, dass das Kind in den ersten drei Lebensjahren in der

---

47 Vgl. www.montessori-akademie-sued.de.

Das beste pädagogische Angebot für Ihr Kind

Intimität seiner eigenen Familie leben müsse. Sie kannte aber natürlich nicht die Notwendigkeiten unserer gesellschaftlichen Situation.

Kriterien für die Auswahl einer Krippe

Dass die im Folgenden genannten Kriterien erfüllt sind, ist natürlich dann besonders wichtig, wenn das Kind schon im ersten Lebensjahr in die Krippe gebracht werden soll.

1. Es sollte in der Einrichtung unbedingt einen für Kinder im ersten Lebensjahr *besonders geeigneten und vorbereiteten Raum* geben.
2. Kinder im ersten Lebensjahr brauchen viel Platz am Boden, und sie brauchen eine *klar gestaltete Bewegungs-, Beziehungs- und sogar Klang-Umgebung.* Lassen Sie sich diese Umgebung zeigen und erklären.
3. Nach der Aufnahme des Kindes beginnt die bedeutsame *Eingewöhnungs-phase.* Hier gibt es sehr verschiedene Konzepte. Lassen Sie sich das in dieser Einrichtung vorherrschende Konzept vorlegen. Bringen Sie aber auch Ihre eigenen Vorstellungen mit ein. Auf keinen Fall soll bei Ihnen der Eindruck entstehen, dass Ihr Kind aufgrund der Tatsache, dass Sie es schon im ersten Lebensjahr abgeben müssen, bedeutende Nachteile erleidet.
4. Die Gruppe der Kleinsten braucht besonderen Schutz und besondere Ruhe, aber auch absolute Zuverlässigkeit in Form einer großen *Konstanz der Pädagogen.* Jeder Säugling, jedes Kleinkind hat als Ergebnis einer klar strukturierten und dynamischen „Eingewöhnungsphase" einen „Bezugserzieher".
   Klären Sie also ab, wie viele Gesichter das Kind pro Tag zu sehen bekommt. Wie oft ist Schichtdienst, wie oft pro Woche wird gewechselt? Es ist für Ihr Kind eine Herausforderung, mehr als zwei Gesichter in einer Woche wahrnehmen und sich auf sie einlassen zu müssen.
5. Fragen Sie auch nach der *beruflichen Qualifikation*: Eine Pflegekraft ist nicht unbedingt eine gute und informierte Pädagogin und umgekehrt. Können Sie davon ausgehen, dass die Pädagoginnen eine spezielle *Zusatzausbildung für das erste Lebensjahr* gemacht haben? Die Pädago-ginnen sollten solide Kenntnisse besitzen nicht nur zur Entwicklung nach der Geburt, sondern auch zur pränatalen Entwicklung (sowie zur Bedeutung der Geburtserfahrung selbst). Ebenso sollten auch Montesso-ris Erkenntnisse über den „psychischen Embryo" und den „absorbieren-den Geist" bei den Pädagoginnen bekannt sein.

6. Gut ist es auch, wenn diese Umgebung Angebote im Sinne des Prager Eltern-Kind-Programms (PEKIP)[48] anbietet und wenn es Materialangebote für die Kleinsten gibt, die auf den Erkenntnissen der Ärztin und Pädagogin Emmy Pikler[49] beruhen. Fragen Sie also danach, lassen Sie sich dieses Material zeigen und vielleicht auch erklären, was es für die Entwicklung des Säuglings bedeutet.[50]

7. Achten Sie auf die Wickelunterlage und den Wickeltisch. Fragen Sie, wie viel *Zeit für das Wickeln* vorgesehen ist und durch welche Maßnahmen es begleitet wird. (Auch daran kann man erkennen, ob die Pädagoginnen sich mit Pikler auseinandergesetzt haben.)

8. Fragen Sie neben dem Wickeln auch nach dem *Füttern* des Kindes. Wie geschieht es? Im ersten Lebensjahr entwickelt sich das Kind in Richtung zunehmender Selbstständigkeit auch bei der Essensaufnahme. Wie wird man dem gerecht?

9. In einem intensiven *Aufnahmegespräch* erfahren Sie nicht nur die Regularien. So wird man wissen wollen, ob Vorerkrankungen, Allergien usw. bekannt sind. Evtl. wird auch gefragt, ob das Kind zu Hause ein eigenes Zimmer haben wird oder ob ein Umzug ansteht. Wird zum Beispiel auch nach dem Geburtsverlauf und vorgeburtlichen Erfahrungen gefragt? Wird gefragt, ob die Mutter stillen kann (und will), wer das Kind sonst noch betreut, wie die Eltern ihren Alltag mit dem Kind organisieren, wenn beide berufstätig sind? Ob die Eltern Vorstellungen darüber haben, was ihr Kind auf keinen Fall (oder umgekehrt auf jeden Fall) erleben soll? Kurzum: Die Fragen sollten ein echtes Interesse an der gegebenen

---

48 Das Prager Eltern-Kind-Programm (PEKIP) ist ein interaktives, sensibles und sensibilisierendes, bindungstheoretisch-psychologisch begründetes Praxisprogramm, das Eltern von Kindern im ersten Lebensjahr von speziell dafür ausgebildeten Pädagoginnen angeboten wird. Weiteres dazu: www.pekip.de.

49 Die ungarische Kinderärztin und Waisenhauspädagogin Emmy Pikler (1902–1984) hat ein (auf empirische Beobachtung gestütztes) Interaktionsmodell für Kinder entwickelt, das besonders auf die Bewegungsbedürfnisse der ersten beiden Lebensjahre abgestimmt ist (mit entsprechendem Mobiliar und Material). Weiteres dazu: www.pikler.de. – Die Montessori-Pädagogik für die ersten drei Lebensjahre sieht bei beiden Ansätzen Querverbindungen zu ihrer Praxis für den „nido dei bambini" (also das Kinderhaus).

50 Für das erste Lebensjahr gibt es noch kein spezielles Montessori-Material – außer den sehr bekannten und von Montessori selbst entwickelten Mobiles. Sie sind leicht herzustellen und könnten auch bei Ihnen zu Hause vorhanden sein.

Das beste pädagogische Angebot für Ihr Kind

Familiensituation und an den Erziehungsvorstellungen der Eltern widerspiegeln, und das Gespräch sollte in einer offenen und vertrauensvollen Atmosphäre stattfinden.

Familienergänzung oder Familienersatz?

Oft wird es so sein, dass das Kind mehr Zeit in der Krippe verbringt, als die Eltern es eigentlich wollen. Früher sprach man von Kindergarten und Krippe als „Familienergänzung", heute sind beide oft eher so etwas wie ein „Familienersatz". Deshalb muss man auch etwas voneinander wissen. Könnten Eltern sich vorstellen, einen Hausbesuch zu wünschen?

Insgesamt könnte man aber (vielleicht gemeinsam mit anderen Eltern) auch erwägen, ob eine in der Montessori-Pädagogik ausgebildete *Tagesmutter* mit einem Kind oder mit mehreren Kindern phasenweise oder ganztägig eine alternative Option wäre.

Die „casa dei bambini" – das Montessori-Kinderhaus (3–6 Jahre)

Das Kinderhaus als Vorbereitete Umgebung

„Wenn wir aber im Haus eine Umgebung schüfen, die der Größe, den Kräften und den psychischen Fähigkeiten der Kinder entspräche, und wenn wir das Kind dort frei leben ließen, dann hätten wir bereits einen großen Schritt hin zur Lösung des Erziehungsproblems ganz allgemein getan [...] Ein Kinderhaus oder, wenn wir wollen, eine Schule muss, von diesem Gesichtspunkt aus gesehen, besondere Eigenschaften haben. Die Einrichtungsgegenstände müssen den körperlichen Kräften der Kinder angepasst sein, sodass diese mit derselben Leichtigkeit sie von der Stelle rücken können, wie wir die Möbel unseres Hauses verrücken. [...] Die Möbel müssen leicht sein und so aufgestellt, dass die Kinder sie bequem umhertragen können, die Bilder so niedrig hängen, dass es sie mühelos betrachten kann; das Kind muss imstande sein, alles zu benützen, dessen es für die Ordnung des Hauses bedarf, und es muss alle Arbeiten des täglichen Lebens ausführen können. [...]

Dazu kommen noch andere sehr wichtige Eigenschaften der Dinge. Die Gegenstände sollen gediegen und anziehend sein. Ein Kinderhaus soll in den kleinsten Einzelheiten schön und gefällig sein, denn Schönheit ermuntert zur Tätigkeit, zur Arbeit. [...] Es besteht, so möchte ich beinahe sagen, eine mathematische Beziehung zwischen der Schönheit der Umgebung und der Tätigkeit des Kindes (Montessori 1992: 56f).

Wieso heißt dieses Haus eigentlich „Kinderhaus", genauer: „Haus der Kinder"? Es geht darum, ein Haus einzurichten, das konsequent an den Bedürfnissen der Kinder ausgerichtet ist. So wird es zum Haus der Kinder. Was heute selbstverständlich ist, war zu Montessoris Zeiten revolutionär: Stühle und Tische nach Kindermaß, Fensterbänke, über die man hinausschauen konnte, offene Regale, aus denen die Kinder ihr Montessori-Material selbst holen konnten, Handwaschbecken und Toiletten, die Kindern zugänglich waren.

Während der Ausdruck „Kindergarten" (im Sinne Fröbels) eher ein Bild des Wachstums zeichnet, wählt die Medizinerin Montessori einen ganz sachlichen Titel. Aber dieser Titel entspricht ihrem Denkansatz: Alles geht vom Kinde aus.

Architektur und Einrichtung

Für ein Montessori-Kinderhaus braucht man keine besondere Architektur oder besondere Möbel. Denn Montessori-Pädagogik lebt nicht von der Architektur, sondern von der Art und Weise, wie Kinder und Erwachsene einen Weg miteinander gehen. Was die Einrichtung der Räume anbetrifft, sind allerdings einige Standards einzuhalten.

Freier Raum für Bewegung

Die Möblierung der Räume muss sich auf das Erforderliche und Notwendige beschränken. Kinder arbeiten gerne am Boden, und das muss der Raum dann auch ermöglichen. Darüber hinaus ist aber genau abzuwägen, in welchem Umfang man das sogenannte „Raumteilverfahren" anwendet. Da die Montessori-Pädagogik selbstverständlich Tätigkeiten wie Werken, Rollenspiel, Bauen und Konstruieren zulässt, haben entsprechende Zonen in Montessori-Einrichtungen ihren Platz. Und wo es geht, gibt es eine „Bewegungsbaustelle".

Baustellen üben oft eine magische Anziehungskraft auf Kinder aus. Wenn die Kleinen mit großen Augen das Treiben dort beobachten, wird die Geduld der Eltern schon mal auf die Probe gestellt. – Bei der Bewegungsbaustelle bauen die Kinder nun selbst und gestalten sich ihre eigene Baustelle – hochkreativ und sozial anspruchsvoll. Eine Bewegungsbaustelle besteht aus einfachen Elementen (die übrigens kostengünstig angeschafft werden können[51]): Kisten, Brettern, Balken, Rundhölzern, Rohren oder Reifen. Die Kin-

---

51 Natürlich gibt es auch professionelle Möblierungsangebote, aber die haben ihren Preis.

der gestalten eine kleine Landschaft, in der man balancieren, kriechen, hüpfen oder krabbeln kann, und kommen dabei immer wieder auf neue Ideen. Und auch zu Hause geht da gewiss einiges.

Freie Wahl in freier Arbeit

Das Montessori-Prinzip der frei gewählten Selbsttätigkeit legt es bereits nahe: Wenn ein Kind sich für die Arbeit mit einem Montessori-Material entschieden hat, soll es dieses auch ohne Hilfe an seinen Arbeitsplatz holen und anschließend zurückbringen können. Daher finden sich in Montessori-Einrichtungen offene Regale, in denen das Material sich dem Kind so anbietet, dass es einen „Aufforderungscharakter" hat. Die Kinder müssen dabei alles ohne Mühe erreichen können.

Selbstständigkeit

Orientierung ohne Mühe

Die Gliederung des Raumes gibt dem Kind bereits eine Orientierungshilfe. Noch bedeutsamer ist die Ordnung hinsichtlich des Materials. Es gilt die Regel: Jedes Ding hat einen Platz – jedes Ding ist an seinem Platz. Die konsequente Beachtung dieser Vorgabe – und wenn nötig auch deren Einforderung durch den Pädagogen – hat zusätzlich auch einen Aspekt sozialer Erziehung: Die Kinder tragen Sorge dafür, dass auch die anderen die Möglichkeit haben, mit dem gewünschten Material zu arbeiten. Und wenn eine Arbeit mehrere Tage dauert, wie es in Kinderhäusern bisweilen zu beobachten ist, dann wird neben die Arbeit ein Platzhalter gelegt, in der Regel ein Namenskärtchen. Die anderen Kinder respektieren dies und lernen, dass nicht immer alles und jederzeit zur Verfügung stehen muss.

Rücksicht

Grundausstattung mit Montessori-Material

Im Kinderhaus sollten die klassischen Montessori-Materialien vorhanden sein. Sie sind zum großen Teil käuflich zu erwerben.[52] An manchen Orten der Welt können sie aber aus Kostengründen nicht angeschafft werden. Das

---

52 Eine gute Übersicht geben die verschiedenen Kataloge der Anbieter von Montessori-Material (z. B. Nienhuis Montessori). Eine anerkannte Montessori-Einrichtung wird Ihnen gewiss auch einmal die Materialbücher der Absolventen des Diplom-Lehrgangs der Deutschen Montessori-Vereinigung zeigen. Sie enthalten neben kommentierten Abbildungen der Materialien auch die Ausarbeitungen des Lehrgangs. Die Standards wurden formuliert und geprüft von der Deutschen Montessori-Vereinigung (DMV). Eltern sollten aber wissen, dass sich hinter

Entscheidende ist aber, dass das Kind zur Polarisation der Aufmerksamkeit kommt. Dafür haben sich eben diese klassischen Materialien bewährt. Es geht aber auch an ganz anderen Inhalten und Gegenständen.

Es sei dabei nicht vergessen: Maria Montessori begann ihre Arbeit nicht in einem optimal eingerichteten Kinderhaus, sondern unter schwierigen Bedingungen in einem römischen Vorortslum. Auf ihre Material-Entdeckungen kann man getrost aufbauen. Aber man sollte sich Zeit lassen und darf auch in dieser Hinsicht kreativ sein.

Kreativität

Vorsicht bei „Sonder-Angeboten"

Eltern, die ihr Kind in ein Montessori-Kinderhaus geben wollen, sollten sich durchaus auch das Raumkonzept und die dort vorhandenen Montessori-Materialien zeigen lassen. Vorsicht ist jedoch geboten, wenn gesagt wird: „Wir machen auch Montessori. Wir nehmen von allem das Beste" (o.ä.) Das ist dann eher ein Hinweis auf Beliebigkeit.

den Bezeichnungen „Montessori" oder „Montessori-Diplom" unterschiedliche Anbieter verbergen. (Vgl. auch die Hinweise im Anhang.)

Zu Gast in einem Montessori-Kinderhaus

Wir finden dieses Kinderhaus in einer deutschen Großstadt, mitten in einer Betonwüste, zwischen Straßenzügen. Kein Grün, kein Rasen, kein Garten – das soll eine Vorbereitete Umgebung sein? Die annähernd 50 Kinder kommen aus unterschiedlichen sozialen Schichten, einige von ihnen werden mit dem Auto gebracht, weil die Eltern gerade dieses Kinderhaus und kein anderes wollten, andere – die Mehrheit – kommen aus einfachen Sozial- und Altbauwohnungen, der Ausländeranteil liegt bei ca. 40 %. Alle diese Kinder finden eine für sie vorbereitete Umgebung vor.

In der umgebauten Altbauwohnung werden die Kinder in einem geräumigen Vorraum von den Eltern abgegeben. In der Mitte dort steht eine achteckige Sitzbank, sodass die Kinder bequem ihre Schuhe aus- und die Hausschuhe anziehen können. Und es wird konsequent darauf geachtet, dass sie es selbst tun. Auch wenn es oft vorkommt, dass die Eltern ein wenig in Zeitnot sind – sie sollten dem Kind diese Aufgabe nicht abnehmen. Sonst lernen die Kinder – und das tun sie schnell –, sich bedienen zu lassen.

An den Wänden befindet sich die Garderobe, eine Holzkonstruktion, welche die Erzieherinnen selbst entwickelt haben: Unten gibt es durch kleine Leisten abgetrennte Abstellmöglichkeiten für die Schuhe. An jedem Schuhfach befindet sich ein eindeutig erkennbares Symbol, sodass für jedes Kind klar ist: „Das ist der Platz für meine Schuhe." Waagerecht über den Schuhregalen hängt eine solide Kleiderstange mit klar erkennbaren Markierungen, sodass das Kind weiß: „Genau dazwischen und über meinen Schuhen ist der Platz für meine Jacke." Das Kind kann dann zwischen Kleiderbügel und Kleiderhaken wählen. Viele Kinder bevorzugen den Bügel: eine echte Herausforderung vor allem dann, wenn es so etwas zu Hause nicht gibt. Oben wird die Kleiderstange durch ein offenes Regal abgedeckt, in dem jedes Kind ebenfalls wieder einen fest markierten Platz hat: „Hier kommt meine Mütze hinein und alles, was ich mit nach Hause nehmen will." Ein Namensschild – oft vom Kind selbst geschrieben oder gemalt – und das daneben befestigte Symbol teilen dem Kind mit: „Das ist meine Garderobe. Ich habe immer denselben Platz."

Das Kind erfährt: Mach dir die Ordnung zu eigen, dann dient sie dir.

Wir stellen fest: Montessori-Pädagogik beginnt schon in der Garderobe.

Für Eltern lohnte sich zu überlegen, was man davon für zu Hause übernehmen könnte. Ganz gewiss die Regel, dass das Kind seine Kleidung selbst anzieht und an einer bestimmten Stelle auch wieder ablegt und dass die Schuhe an einen festen Platz gehören und nicht irgendwohin.

Durch die Wohnungstür geht es hinein in den langen Flur zum Gruppenraum. Hier fällt auf, dass die Türklinken in angemessener Griffhöhe für das Kind angebracht sind. Dies ist eine Sonderanfertigung. Aber nur so werden die Kinder nicht überfordert, wenn man von ihnen verlangt (nachdem man es ihnen in Ruhe gezeigt hat), die Türe leise zu schließen.

Auf dem Flur vor dem Gruppenraum arbeiten Kinder. Andere befinden sich in einem Nebenraum. Wieder andere besuchen gerade eine andere Gruppe nebenan. Einige musizieren im Begegnungsraum zwischen beiden Gruppenräumen. Ein Kind sitzt vor dem Aquarium und betrachtet versunken die Fische.

Das ist es, was Montessori mit der freien Wahl des Arbeitsplatzes meint.

Denn all diese verschiedenen Tätigkeiten sind aus einer freien Entscheidung hervorgegangen, in die Verantwortung des Kindes gelegt, aber ihm damit auch aufgegeben ist. Die Erzieherinnen haben jederzeit den Überblick, wo die Kinder sind und was sie tun. Was ihnen besonders auffällt, werden sie dokumentieren und mit den Eltern besprechen.

In einem ehemaligen Kellerraum ist eine Bewegungsbaustelle untergebracht. Es gibt klare Regeln, wie sie benutzt werden muss.

Schließlich betreten wir den eigentlichen Gruppenraum. Er ist durch *offene Regale* gegliedert, die sich allesamt *in Blickhöhe der Kinder* befinden. Viele Kinder arbeiten auf dem Boden. Sie haben sich aus einem bestimmten Regal einen kleinen Teppich geholt und diesen ausgebreitet. Dadurch wird signalisiert: Das ist jetzt mein Arbeitsplatz, der von allen respektiert wird.

In dem einen Regal finden wir zahlreiche Übungen des täglichen Lebens, in einem anderen Materialien zur Übung der Sinne und wieder in einem anderen (klar abgegrenzten und auch in sich geordneten) Regal die *Materialien für elementare Mathematik und für Sprache.*

Natürlich gibt es auch Bilderbücher und Puzzles, einen Maltisch, einen Frühstückstisch und eine kleine Küche – und je eine Zone für Rollenspiele, Musik und Malen.

Neu eingerichtet ist ein *Regal für „Kosmische Erziehung".* Drei Kinder sitzen davor, und die Erzieherin erklärt ihnen gerade, was sie dort sehen können, und lädt sie ein, mit ihr gemeinsam etwas zu erproben. Auffällig in dieser Einrichtung ist ein durch eine kleine Holzwand abgetrennter Nebenraum. Durch ein Glasfenster in Augenhöhe der Erwachsenen kann man hin-

Das beste pädagogische Angebot für Ihr Kind

einschauen. Die Türe ist nach Kindermaßen gebaut: Will ein Erwachsener hinein, muss er sich ganz klein machen. Das ist der Raum für Rollenspiele. Und es gibt noch einen zweiten derartigen Raum, in dem ein Bauteppich liegt.

Impulse für zu Hause

Den Gedanken einer „Vorbereiteten Umgebung" kann man leicht übernehmen: Auch das Kinderzimmer kann feste „Zonen" anbieten. Dabei sollte man von Anfang an konsequent darauf achten, dass alles seinen festen Platz hat. Natürlich darf das Kind nach freier Wahl auf dem Boden bauen, legen, konstruieren. Aber das nächste Spiel kommt erst, wenn das vorherige beendet und aufgeräumt ist. Natürlich dürfen Malstifte oder Fingerfarben sein – aber nicht auf dem Teppichboden, sondern am Tisch, auf dem Zeitungspapier zum Abdecken (oder eine Wachstuchdecke) liegt. Es ist klar, dass man erst mal zeigen muss, wie's geht – dann mitmachen, dann loslassen und eine Zeit lang beobachten und sich am Ergebnis freuen. Und dann dem „Kunstwerk" einen Platz geben.

Abwaschen, Reinigen, Aufräumen: das ist ein Ritual, das nicht infrage gestellt wird. Da ist Konsequenz gefordert (auch wenn es unbequem wird).

Aktivitäten im Kinderhaus

Die Übungen des praktischen (täglichen) Lebens

Zwei Kinder sitzen mit einer Erzieherin an einem Tisch. Auf einem Tablett befindet sich eine Kerze, eine Schachtel mit Streichhölzern, ein Schälchen und ein Kerzenlöscher aus Messing. Mit schier unglaublicher Langsamkeit nimmt die Erzieherin ein Streichholz aus der Schachtel, schließt die Schachtel, reibt das Streichholz mit dem richtigen Druck an der Zündfläche und zündet die Kerze an.

Die Augen der Kinder sind voller Konzentration auf den Vorgang gerichtet. Die Kerze wird in Stille einen Augenblick betrachtet, dann senkt die Erzieherin den Kerzenlöscher langsam über die Flamme, welche erlischt. Das Streichholz legt sie in das bereitgestellte Schälchen. Sie schaut die Kinder an und fragt: „Wer möchte es tun?" Ein Kind greift sofort zu. Es ist drei Jahre alt. Der Vorgang gelingt. Das Kind strahlt übers ganze Gesicht. Dann will auch das andere die Kerze entzünden. Es darf.

„Hilf mir, es selbst zu tun."

Dieses Motto bringt in gewisser Weise die gesamte Montessori-Pädagogik auf eine Formel. Das Kind will es selber können. Und es wird zornig oder traurig, wenn es von wohlmeinenden Erwachsenen am Erproben und Üben gehindert wird.

Die Übungen des täglichen Lebens haben als oberstes Ziel, das Kind zu immer größerer Selbstständigkeit zu befähigen. Es kann beispielsweise damit beginnen, dass es Reis von einer Schale in die andere löffelt oder Wasser aus einem Gefäß in ein anderes gießt, oder es kann eine der zahlreichen (etwa hundert) anderen Übungen des praktischen Lebens an seinen Platz holen und sich zeigen lassen, wie es geht. Und wenn es dann selbst damit arbeitet, sooft es will und solange es davon gefesselt wird (Polarisation der Aufmerksamkeit!), macht es immer wieder die Erfahrung: Ich kann es selbst.

Wer als Erwachsener in solche zentralen kindlichen Bewegungsabläufe eingreift, um dadurch einen vermeintlichen Gewinn zu erreichen (der meistens bestenfalls ein Zeitgewinn ist), verletzt nicht nur die Würde des Kindes, er bremst das Kind auch in seiner individuellen Entwicklung und Bildung.

Eigenaktivität

Impulse für zu Hause

„Messer, Gabel, Schere, Licht sind für kleine Kinder nicht."
Das stimmt nur dann, wenn den Kindern in den ersten zwei bis vier Lebensjahren verwehrt wird, sich im Umgang mit diesen Dingen zu üben – in einer angemessenen Umgebung und kompetent begleitet.

Auch dies kann, wenn man die oben beschriebenen Regeln einhält, zu Hause geschehen.

Bieten Sie Ihrem Kind etwas an, von dem Sie glauben, dass es daran interessiert ist.

Oft wird sein Interesse dadurch geweckt, dass es etwas bei Ihnen sieht: die Haare kämmen zum Beispiel, einen Apfel schälen, eine Apfelsine auspressen oder vielleicht sogar einen Nagel einschlagen.

Was an Hilfsmitteln dazugehört, legen Sie geordnet auf den Tisch oder an einen anderen geeigneten Platz.

Sie machen dem Kind ganz langsam (Analyse der Bewegung!) vor, wie die entsprechende Handlung funktioniert, sodass es sie gut nachmachen kann.

Das beste pädagogische Angebot für Ihr Kind

Bei dem Vorgang sprechen Sie nur ganz wenig; Sie sagen nur das wirklich Notwendige.

Wichtig ist: Lassen Sie sich und dem Kind Zeit.

Sie werden sehen: Es gelingt, wenn der Zeitpunkt richtig gewählt ist, wenn das Material vorbereitet ist, wenn Sie sich ganz auf das Kind einlassen und es schließlich (vor allem) selbst handeln lassen. So können auch schon relativ junge Kinder lernen, eine Kerze selbst anzuzünden.

Oder Sie zeigen dem Kind (etwa im zweiten Lebensjahr) beispielsweise, wie man ein Papiertaschentuch auseinanderfaltet, es in die Hand nimmt, es zur Nase führt und sich dann mit Druck – Sie machen es vor – die Nase putzt, das Taschentuch zusammenknüllt und an der vorgesehenen Stelle in den Abfall wirft.

(Montessori erzählt davon, wie die Kinder in ihrem Slum-Kinderhaus sie, die vornehme Dame, sich zum ersten Mal mit ihrem Batist-Taschentuch die Nase putzen sahen. Sie sah die Faszination der Kinder und deren Bedürfnis, es ihr gleichzutun, und entwickelte daraus eine alltagstaugliche Übung des praktischen Lebens. So mussten die Kinder nicht mehr die Ärmel ihres Kittels benutzen, um sich die Nase abzuwischen.)

Und wie dies eine Übung zur Pflege der eigenen Person ist, so kennt die Montessori-Pädagogik noch weitere Übungen, beispielsweise die Übungen zur Pflege der Umgebung oder die zur Pflege der Gemeinschaft und der sozialen Beziehungen.

Arten von Übungen

- *Kinder lieben es, sich nach ihren eigenen Vorstellungen schön zu machen.*
- *Sie lieben es, wenn in der Umgebung alles sauber ist, wenn es blinkt und blitzt und gut riecht.*
- *Sie mögen es, wenn sie für andere den Tisch schön decken können.*
- *Sie sind auch gerne bereit, Tisch- oder Spüldienste zu leisten.*
- *Sie üben, wie man einander begrüßt, sich verabschiedet, sich bedankt.*

Es kommt ganz darauf an, ob die Eltern ebenfalls bereit sind, sich selbst als Modell anzubieten und zu zeigen, wie es geht. Und dann muss natürlich auch noch Material zur Verfügung stehen, mit dem man all dies tun kann. Manches ergibt sich aus der Situation, anderes wartet auf einen Impuls.

Ohne dass es dafür Befehle braucht, lernen die Kinder aus alltäglichen Vorgängen, Regeln zu beachten und das soziale Miteinander so zu gestalten, dass jeder seinen Freiraum hat.

Natürlich wollen die Kinder ihre Erfahrungen aus dem Kinderhaus auch zu Hause anwenden. Eltern sollten dies bemerken und sich daran freuen: wenn Sie beispielsweise merken, dass Ihr Kind darauf achtet, wie eine Türe leise geschlossen und nicht zugeknallt wird, wenn es behutsam und achtsam etwas (z. B. einen Stuhl) durch den Raum trägt und an seinen Platz stellt, und schließlich, wenn es Freude daran hat, für Mama und Papa etwas zu tun.

Transfer in den Alltag

Die Übungen des täglichen Lebens können also zu weiten Teilen in den Familienalltag übertragen werden, angefangen schon bei den Kleinsten. Dazu gehört natürlich eine gewisse *Risikobereitschaft* auf Seiten der Eltern.

> *Aber wer den Kindern alles abnimmt, was sie eigentlich schon selbst tun könnten, muss sich nicht wundern, wenn er später kleine Chefs vor sich hat, die sich darauf beschränken, den Fuß anzuheben, damit Mama oder Papa den Schuh ausziehen kann. Wir haben die Wahl.*

Das Sinnesmaterial nach Montessori

Beim Sinnesmaterial stehen die Dinge ein wenig anders. Hier ist es bedeutsam, dass eine Pädagogin oder ein Pädagoge mit anerkanntem Montessori-Diplom dem Kind in einer fachlich-sachlich richtigen Weise den Umgang damit zeigt. Einiges davon können wir aber auch für zu Hause übernehmen.

Das menschliche Sinnessystem ist sehr komplex. Wer könnte dies besser wissen als die Medizinerin Maria Montessori? Und mit Blick auf die Möglichkeiten und Notwendigkeiten in der Entwicklung des kleinen Kindes entwickelt sie als Folge ihrer naturwissenschaftlich geübten Beobachtung das weltbekannte Montessori-Sinnesmaterial.

Der Grundgedanke lautet: „Nichts ist im Verstand, was nicht zuvor mit den Sinnen erfahren wurde."[53]

---

53 Dieser in der Montessori-Pädagogik häufig zitierte Grundsatz findet sich in der Fassung „Nihil est in intellectu, quod non prius fuerit in sensu" bei Thomas von Aquin und wird dann vor

Die Kinder haben in den ersten Jahren ihres Lebens die Eindrücke aus ihrer Umwelt aufgesogen wie ein trockener Schwamm das Wasser – Montessori spricht hier (wie schon mehrfach erwähnt) vom „absorbierenden Geist". Nun gilt es, die eher unterbewusst gespeicherten Erfahrungen ins Bewusstsein zu heben. Es geht um nicht mehr und nicht weniger als das „Be-greifen".

Schlüssel zur Umwelt

„Das Sinnesmaterial soll und kann niemals ein Ersatz für die vielfältigen und interessanten Dinge der Umwelt sein, sondern es soll den Schlüssel zu einer differenzierten Umwelterfahrung geben. Mit Hilfe der Sinnesmaterialien werden die Eigenschaften der Dinge gezeigt, benannt und damit erkennbar. In der Materialien steckt eine Klassifikation der Eigenschaften der Dinge. Unsere Wahrnehmungsorgane sind keine kulturneutralen Funktionssysteme, die nur Reize vermitteln, sondern unsere Wahrnehmungen sind kulturell bestimmt, und darum müssen die Sinnesorgane gebildet werden" (Klein 2014: 113).

Stufen der Schwierigkeit

Für jeden unserer Sinne hat Montessori also ein besonderes Sinnesmaterial entwickelt, das zusätzlich nach Schwierigkeitsgraden abgestuft ist. Die von ihr ermöglichte „Kultivierung der Sinne" bedeutet konkret: *„[...] Sinneseindrücke nach Begriffen ordnen lernen, so wie sie in unserer Sprache vorgegeben sind. Nicht umsonst sind alle Übungen der Sinnesmaterialien mit Wortlektionen verbunden. So wird verständlich, dass Montessori die Sinne als ,Greiforgane' der Bilder der Außenwelt bezeichnet"* (Klein 2014: 113).

Das Kind lernt auf diesem Wege nicht nur, verschiedene Dimensionen zu erfassen, sondern auch, sie zu beschreiben und gleichzeitig in den Alltag zu übertragen: was klein bzw. groß ist, lang bzw. kurz, dick bzw. dünn, leicht bzw. schwer, rau bzw. glatt, laut bzw. leise, hoch bzw. niedrig oder tief, eckig bzw. rund und vieles mehr.

Sprach-kompetenz

Hier baut sich durch sinnlich-leibhafte Erfahrung systematisch und anschaulich Sprachkompetenz auf.

Besonders interessant ist dies auch für Kinder, die mehrsprachig aufwachsen. Denn all diese Erfahrungen kann man gleichzeitig in der Muttersprache und in einer ersten oder vielleicht sogar zweiten Fremdsprache machen.

---

allem im englischen Empirismus wiederaufgegriffen, beispielsweise von John Locke (1632–1704).

Die bekanntesten Montessori-Sinnesmaterialien sind wohl der rosa Turm, die braune Treppe, die roten Stangen und die Einsatzzylinder mit ihren vier Systemen.

Beispiele

Es ist wichtig, dass sie dem Kind auf die richtige Weise nahegebracht werden – und das ist eine Aufgabe der besonders dafür ausgebildeten Pädagoginnen und Pädagogen. Diese wertvoll gestalteten Materialien aus Holz sollte man daher nur in Ausnahmefällen für zu Hause anschaffen. Aber es gibt einige Sinnesmaterialien, die mit geringem Aufwand auch zu Hause angeboten werden können (vgl. u.).

Von den Montessori-Kriterien für ein „didaktisches Sinnesmaterial" war bereits die Rede. Für die Sinnesmaterialien gilt in besonderer Weise das Prinzip der Isolierung von Eigenschaften.

Sinnesmaterialien für zu Hause

Unterscheidung von Quantitäten

Die Erfahrung von „groß" und „klein" kann das Kind beispielsweise mit einer kleinen Serie von Trinkgläsern machen, die, in der Form ähnlich, der Größe nach nebeneinandergestellt sind. So kann man sie sortieren, gruppieren, vergleichen. Wenn die Grunderfahrung gesichert ist, schauen wir, was dem Kind in der Wohnung noch so alles groß und klein erscheint.

Übrigens haben Kinder oft Puppen oder Autos, die sehr gut nach „groß" und „klein" (und auch mit Hilfe der Kategorien „größer als" – „der/das Größte" usw.) eingeteilt und entsprechend benannt werden können.

Die „Sprachlektion" ist immer sehr schlicht: kurzer Satz, eindeutige Feststellung, klare Aufgabe.

Sprachlektion

Wir machen das so:

Die Gegenstände sind auf den Tisch gestellt – zuerst ungeordnet. Anschließend nimmt man das, was in den Blick gerückt werden soll, nach vorne, zeigt es dem Kind und stellt es dann zuerst ohne Worte wieder ab.

Dann folgt die erste Sprachlektion. Man sagt: „Schau, das ist groß", und nach eine kleinen Pause: „Das ist klein."

Und dann wird der Satz vielleicht unvollständig begonnen.

Man zeigt auf den Gegenstand und sagt: „Von diesen beiden ist das eine ..." – und wartet ab, ob das Kind die Eigenschaft ergänzt. Ist es richtig, zeigt man seine Freude – aber besser ohne „super" oder „toll". Überflüssige

Lobesworte können nur irritieren. Das Kind freut sich über unsere Mitfreude am Erfolg. Und das genügt.

Diese sorgfältige und klar ritualisierte erste „Sprachlektion" wird bei allen Sinnesmaterialien angewendet. Es ist gut, sie vorher mit einem Partner zu üben.

Was wäre noch möglich ohne großen Aufwand? In der Küche gibt es vielleicht ein sogenanntes Topfset, damit kann man Dimensionen erleben, beispielsweise „hoch" und „niedrig".

Oder ein anderes Beispiel, das dem Kind die Erfahrung von rau und glatt zu vermitteln und die entsprechenden Begriffe in seinem Wortschatz zu verankern vermag – Schritt für Schritt: die sogenannten *Tastbrettchen*.

Beispiel:
Tastbrettchen

Kaufen Sie (z. B. im Baumarkt) Schmirgelpapier unterschiedlicher Körnung, vielleicht drei oder sogar fünf verschiedene Körnungen.

Erster Schritt: Sie schneiden gleich große Paare aus. Mit der Handfläche streicht das Kind über die Stücke und versucht, die Flächen, die gleich rau sind, nebeneinanderzulegen. Sie zeigen es einmal – ohne Worte.

Zweiter Schritt: Sie legen neben ein raues Stück Schmirgelpapier ein Stück glatter Pappe gleicher Größe. Mit der Handfläche streicht das Kind über die Oberflächen und macht die Erfahrung von rau und glatt.

Dritter Schritt: Sie zeigen auf das, was gerade vor Ihnen liegt, und sagen: „Das ist rau", „Das ist glatt".

Vierter Schritt: Sie fahren fort mit einem Lückensatz: „Von den beiden ist das ..., und das andere ist ..."

Fünfter Schritt: Sie fordern das Kind auf: Leg mal „glatt" auf die Fensterbank und „rau" auf den Tisch.

Sechster Schritt: Nun darf das Kind in der Wohnung suchen: Was alles ist sonst noch glatt, und was ist rau? Das Kind wird ausdauernd suchen und Freude daran haben.

Auf diese Weise kann das Kind zu Hause, Schritt für Schritt, seine Sinne schulen und seine Sprache anreichern.

Das sollten dabei immer Ihre Schritte sein, wenn Sie im Sinne Montessoris mit dem Kind etwas unternehmen wollen:

1. Eine leibhaftige Erfahrung soll das Kind machen, und zwar mit einem Material, dessen Schwierigkeit sich auf möglichst nur ein Phänomen beschränkt. Sie stellen das Material bereit oder stellen es selbst her.

2. Sie organisieren die Begegnung des Kindes mit dem Material. Am Tisch sitzen Sie (wenn Sie Rechtshänder sind) rechts vom Kind, damit Sie den Vorgang, wenn Sie ihn zeigen, nicht mit Ihrer eigenen Hand verdecken. Das Kind darf so oft wiederholen, wie es will.

3. Sie führen die passenden Worte ein. Im Spiel lernt das Kind die Worte anzuwenden.

4. Das Kind geht dem Phänomen von sich aus in der Wohnung nach und sucht vergleichbare Erfahrungen. Schließlich geht der Weg nach draußen – der Transfer ist im Alltag angekommen.

Ein weiterer Vorschlag für „eigenes" Sinnesmaterial:

Wenn Ihr Kind zum Beispiel den Unterschied von „lang" und „kurz" wahrnehmen soll, geht das – statt mit den roten Stangen von Montessori – auch sehr gut (und sehr kostengünstig) mit gleichfarbigen Wollfäden oder Kordeln.

Weiteres Beispiel

Der längste Faden ist 1 m lang und neun andere, jeweils 10 cm kürzer als der vorige, vervollständigen ihr Material.

Der jeweilige Schwierigkeitsgrad richtet sich dabei nach dem Alter des Kindes. Dem 2- bis 3-jährigen Kind werden Sie z. B. die 1 m lange Kordel und die 10 cm lange Kordel nebeneinanderlegen und sagen, während Sie mit der Hand in Ruhe an der Kordel oder dem Faden entlangfahren: „Dies ist lang." Dann legen Sie das andere Stück daneben, verfahren genauso und sagen: „Dies ist kurz." Anschließend wiederholen Sie dies langsam und bieten dem Kind den Lückensatz an: „Dies ist ...", „Das ist ..."

Jetzt liegt es an Ihnen, was die nächsten Schritte sind. Wenn das Kind die Begriffe „lang" und „kurz" sicher beherrscht, können Sie weitere Stücke einführen. Bald werden sie vergleichen lassen. Dann wird sich herausstellen, dass „lang" und „kurz" relative Begriffe sind. War gerade das eine Stück noch lang, legt man ein längeres daneben und stellt fest: „Das ist länger als das andere."

Schließlich kommt man zu der Erkenntnis: „Das ist von allen das Längste" bzw. „Das ist von allen das Kürzeste". Und so lassen sich noch viele Übungen anschließen, bei denen verschiedene Dinge im Hause unter einem bestimmten Aspekt miteinander verglichen werden. Seien Sie erfinderisch!

Unterscheidung von Farben

Im Montessori-Kinderhaus oder in der Krippe finden sich die wunderschönen Farbtäfelchen, die, beginnend bei den Grundfarben, die ganze Welt der Farben erfahrbar machen. Hier lässt sich gut ein methodisches Prinzip Montessoris erkennen: Gleiches wird mit Gleichem gepaart. Die Komplexität (Schwierigkeit) wird parallel dazu behutsam und systematisch gesteigert – eventuell sogar bis zu Ittens Farbkreis.[54]

Gleiches zu Gleichem

Zu Hause kann man auf gleiche Größe geschnittene Pappkärtchen zum Beispiel mit Wolle umwickeln. Zunächst drei Paare mit den Grundfarben, dann (in einer Extraschachtel) Paare mit den Komplementärfarben, schließlich die Grund-und Komplementärfarben mit abnehmender, aber gut erkennbarer Intensität (Graduierung). Als Alternative dazu könnte man auch die Flächen der Pappkärtchen auf beiden Seiten mit (natürlich ungiftigen) Farben lackieren. Außerdem gibt es in manchen Baumärkten auch Farbpaletten mit Streifen, und wenn man davon zwei hat, kann man sehr schön Farben einander zuordnen lassen. Hat Ihr Kind nun die Gegenstände gleicher Farbe einander zugeordnet, kommt die Benennung der Farbe. Wir verfahren wie bei den vorherigen Übungen mit dem Dimensionsmaterial.

Unterscheidung von Formen

Hier kommen wir allerdings sehr viel schneller an unsere technischen Grenzen.

Die geometrischen Körper beispielsweise sind ein ästhetischer Genuss; sie ermöglichen die Erfahrung z. B. des Rollens oder des Kippens, sie können aber auch wie Kunstobjekte eine Wohnung verschönern. Man kann diese Körper auch miteinander kombinieren und ihre Flächen wahrnehmen.

geometrische Körper

---

54 Johannes Itten (1888–1967), Maler und Kunstpädagoge, entwickelte während seiner Lehrtätigkeit von 1919 bis 1923 im Bauhaus Weimar die Grundlagen seiner Farbtheorie und den entsprechenden Farbkreis.

Unterscheidung von Geräuschen

Für die Schulung des Gehörs hat Montessori die sogenannten Geräuschdosen entwickelt. Sie lassen sich für zu Hause nachbauen, wenn auch nicht in dieser Perfektion.

Besorgen Sie sich leere Röhrchen von Brausetabletten oder dergleichen. Wichtig ist, dass sie alle die gleiche Höhe und den gleichen Durchmesser haben. Möglichst sollten dabei sechs Paare entstehen. Und je sechs Röhrchen sollten die gleiche Deckelfarbe haben. So lassen sie sich leichter paarweise ordnen.

Geräuschdosen

Schließlich füllen Sie jede Reihe nacheinander mit je anderem Geräuschmaterial, sodass immer zwei Döschen denselben Inhalt haben. Versuchen Sie dabei den jeweiligen Inhalt so abzuwiegen, dass alle Röhrchen nach dem Befüllen dasselbe Gewicht haben. (Es soll ja nicht um leicht, leichter, schwerer usw. gehen, sondern um laut, lauter und am lautesten bzw. am leisesten.) Folgende Materialien können Sie hineinfüllen:

- feinen Sand,
- Reiskörner,
- Kirschkerne,
- Mandeln,
- Maiskörner,
- Tannennadeln,
- Heftzwecken,
- Büroklammern
- oder was sonst passt.

Von Zeit zu Zeit werden Sie die Füllungen erneuern müssen.

Wenn Sie eine zusätzliche Fehlerkontrolle einbauen wollen, können Sie die Röhrchen (am Boden) mit nummerierten Klebepunkten markieren.

Sie beginnen jeweils mit zwei Röhrchen, die klangmäßig zueinander passen. Sie nehmen ein Röhrchen aus der einen Reihe, schütteln es beispielsweise neben dem linken Ohr und probieren am rechten Ohr, welches Röhrchen aus der zweiten Reihe dazu passt. Ob gleich alle sechs Röhrchen dastehen oder weniger, hängt von der Ausgangssituation des Kindes ab.

Ziel ist es, dass das Kind die passenden Geräuschröhrchen richtig miteinander paart. Anschließend kann es die Röhrchen (paarweise) von laut nach leise sortieren. Und welche Spiele Sie sich dann noch ausdenken, ist Ihnen überlassen. Und auch diesmal wird jeder Schritt natürlich von einer

Sprachlektion (laut, lauter, am lautesten, lauter als bzw. leise, leiser usw.) begleitet. – Wo kann man in der Wohnung verschieden laute Geräusche entdecken?

Unterscheidung von Gewichten

Gewichts-
täfelchen

Analog zu den Geräuschdosen gibt es bei Montessori die sogenannten Gewichtstäfelchen. Hier geht es um leicht oder schwer, um leichter und schwerer, um das Leichteste und das Schwerste. Montessori verwendet dazu Holz verschiedener Art. Und sie macht sich dabei zunutze, dass Holzstücke gleicher Größe je nach der Holzsorte ein unterschiedliches Gewicht haben. Das könnte man zu Hause nachmachen, wenn genügend viele Holzsorten vorhanden sind.

eigene Ideen

Manchmal haben Elternkreise originelle Ideen. So gab es einen Kreis, der die Gewichtserfahrung mit Badelatschen versuchte, ein anderer mit Küchenpapier unterschiedlicher Dichte oder mit einlagigem, zweilagigem und mehrlagigem Toilettenpapier. Mit dieser Kreativität ist man ganz auf Montessoris Spur. Sie hat probiert, beobachtet, sie hat geschaut, ob die Kinder mit dem Material zur Konzentration kommen (also die Arbeit damit mehrfach mit Freude wiederholen), und dann hat sie ihr Material standardisiert – mit der Folge, dass viele davon heute weltweit in ganz unterschiedlichen Kulturkreisen verwendet werden.

Montessori-Pädagogik ist immer offen für neue Ideen.
„Durch die Übungen mit den Sinnesmaterialen sollen die Kinder Ordnungsgesichtspunkte (Kategorien) für die vielfältigen Sinneseindrücke gewinnen und zu differenzierter Wahrnehmung fähig werden. Die Sinnesmaterialien sind kein Ersatz für die Dinge der Umgebung, sondern ‚Schlüssel‘ zur Umwelterfahrung. Die funktionsfähigen Sinnesorgane bedürfen der Kultivierung, d. h. sie müssen gemäß der jeweiligen Kultur zur Wahrnehmung befähigt werden. Dies geschieht durch die Verbindung von sinnlicher Wahrnehmung und Sprache. Auch mathematische Grundbegriffe und Grundformen werden durch diese Art von ‚materialisierter Abstraktion‘ im absorbierenden Geist verankert. Im Alter von 3–6 Jahren sieht Montessori eine sensible Phase für diese Art von Sinnesübungen. Der handelnde Umgang mit der Materialien ermöglicht eine intensive Aneignung der Begriffe" (Klein 2014: 114).

Wir haben hier natürlich nicht alle Sinnesmaterialien nennen oder skizzieren können. Aber es muss hervorgehoben werden, dass der Erfolgsweg der Montessori-Pädagogik wo immer möglich bei der sinnlichen Erfahrung ansetzt. Das gilt durchgängig. Und das wird auch am elementaren Sprachmaterial und am Mathematik-Material sehr eindrucksvoll sichtbar.

Lesen – Schreiben – Rechnen: Elementare Erfahrungen im Kinderhaus

Manchmal beschweren sich Eltern, dass sie den Eindruck hätten, ihr Kind werde im Kindergarten „künstlich dumm" gehalten. Umgang mit Zahlen oder Lesen, das sei – so bekomme man zu hören – etwas für die Schule. Oft bemühen sie sich dann, einen Platz in der Montessori-Vorschule zu bekommen.

Dort – wie besonders auch in den Montessori-Kinderhäusern – wird ernst genommen, was Montessori entdeckt hat: Die sensible Periode für elementare mathematische Zusammenhänge wie auch für Lesen und Schreiben liegt im Alter zwischen drei und sechs Jahren.

sensible Phase

Entscheidend ist, dass die Pädagoginnen und Pädagogen die Sensibilität des Kindes erkennen und das entsprechende Montessori-Material professionell in den ihm angemessenen Horizont bringen, um es ihm im Rahmen einer „Montessori-Lektion" zu vermitteln.

Mathematik elementar

Ein Beispiel: Mit den *blau-roten (numerischen) Stangen* erlebt das Kind den Zahlenraum von 1 bis 10. Die längste der Stangen ist 1 m lang, die kürzeste 10 cm. Den Namen haben dieses Stangen daher, dass (nach der kürzesten Stange, die rot ist) die folgenden neun Stangen im Wechsel je einen roten Abschnitt und einem blauen Abschnitt (von jeweils 10 cm Länge) haben. Mit ihrer Hilfe führt der Pädagoge mit klar beschriebenen Handlungen bei sparsamer, eindeutiger sprachlicher Benennung der Reihe nach die Ziffern von 1 bis 10 ein.

(kleine) Zahlen

Ergänzt werden die blau-roten Stangen später durch die *Sandpapierziffern*, welche über die Fingerspitzen die Form der arabischen Ziffern erfahrbar machen und spielerisch zur Anwendung bringen. Dabei liegen die einzelnen Ziffern jeweils bei der Stange von entsprechender Länge. Oft ist es so, dass Kinder mehrere Tage daran arbeiten und immer wieder Ziffern und Stangen einander zuordnen. Der Zahlenbereich von 1 bis 10 wird auf diese

Das beste pädagogische Angebot für Ihr Kind

Weise sinnlich-leibhaftig und sprachlich-begrifflich erobert. Nun sind nächste Schritte mit weiteren Materialien möglich. Bis hin zum *„goldenen Perlenmaterial"*, einem der berühmtesten Montessori-Materialien überhaupt, gibt es eine Reihe von Materialien, die, aufeinander aufbauend, das Kindergartenkind sicher ins Dezimalsystem einführen und ihm ermöglichen, kleine Rechenoperationen im Bereich bis 10.000 sicher und mit Selbstkontrolle durchzuführen.

Niemals wird eine Montessori-Pädagogin oder ein Montessori-Pädagoge ein Kind dazu zwingen. Aber in einer reizüberfluteten Umgebung ist es oft auch erforderlich, ein Kind mit sichtbarem Engagement an das Material heranzuführen. Aber auch hier kommt der Appetit beim Essen, mit anderen Worten: Die Lust an der Sache steigt mit dem Erfolg.

Besonders bei Kindern aus bildungsferneren Elternhäusern können dieses Material und dieser Weg unerwartete Erfolge bewirken.

Was man selber herstellen und zu Hause anwenden kann, ist verschiedentlich beschrieben worden.[55]

Lesen und Schreiben elementar

Ariane schreibt eine Geschichte

Ein etwa 5-jähriges Mädchen betritt den Raum, sucht, schaut sich noch einmal um und geht dann zielstrebig auf einen Holzständer zu. Dort stehen kleine Teppiche nebeneinander. Sie holt sich einen, klemmt ihn sich unter den Arm, sucht einen Platz auf dem Fußboden und rollt ihn aus. Sie scheint genau zu wissen, was sie vorhat, denn als Nächstes geht sie auf ein Regal zu. Oben auf diesem Regal, aber für sie durchaus in Griffhöhe, liegt ein großer Holzkasten, den sie zu ihrem Teppichplatz bringt. Er wird geöffnet, und es zeigt sich eine Art Setzkasten, der das Alphabet in ungefähr 5 cm hohen, blauen Kleinbuchstaben aus Plastik enthält. Das Mädchen holt einen Buchstaben nach dem anderen heraus und beginnt sie in eine Reihenfolge zu bringen. Ich erkenne folgende Wörter: „Katze", „Ball", „Haus", dann „Dach". Bei diesen Wörtern erkenne ich einen inneren Zusammenhang. Man könnte meinen, dieses Mädchen schreibt eine Geschichte.

Rechen-
operationen

---

55   Vgl. Hainstock 1971, 94 ff.

Für das *Schreiben* hat Montessori eine ganze Reihe feinmotorischer Vorübungen anzubieten. So kann man zum Beispiel mit Knöpfen an sogenannten *Einsatzzylindern* oder den *metallenen Einsatzfiguren* den „Pfötchengriff"
üben, der auf die Grifftechnik beim Halten eines Stiftes vorbereitet. Montessori nennt dies *„indirekte Vorbereitung"*. Mit den „metallenen Einsätzen"
wird die Feinmotorik des Schreibens malend und kreativ vorbereitet. Auge
und Hand werden behutsam miteinander in Einklang gebracht.

feinmotorische
Vorübungen

Zu einem vom Kind signalisierten Zeitpunkt – entscheidend ist auch
hier wiederum das Gespür der Pädagogen für den Beginn der sensiblen
Phase bei dem jeweiligen Kind – werden dann die Buchstaben angeboten.
Es sind, wie auch im Bereich der Zahlen, *Sandpapierbuchstaben*. Das Kind
kann sie so mit den Fingerspitzen nachfahren, Schrift und Klangbild werden
in klaren Schritten erlebt. Vokale und Konsonanten sind durch die jeweilige
Farbe unterscheidbar.

Buchstaben

Auch hier ist die Einführung durch den Pädagogen ganz klar festgelegt.

Hat das Kind den Buchstaben sicher erkannt und wiederentdeckt, kann
es ihn in beliebigen Zusammenhängen auch an Gegenständen wiederent-
decken.

Es folgen nun die *„beweglichen Alphabete"*, von denen es drei (in abnehmender Größe) gibt. Wenn das Kind die Buchstaben bereits kennt, wenn es
den Klang des Buchstabens erlebt hat, wenn es aus Buchstaben ganze Wörter zusammenfügen kann, dann kann es – wie oben das kleine Mädchen –
anfangen, mit den Buchstaben Geschichten zu legen, also zu schreiben.

Alphabet

Montessori hat entdeckt, dass bei Kindern, die plötzlich gehörte Wörter
in Schriftbilder umsetzen können, eine wahre Lust am Schreiben ausbre-
chen kann, sodass sie von einer „Explosion des Schreibens" spricht.

Das, was das Kind mit den Buchstaben gelegt hat, kann es dann leicht
auch mit einem Farbstift nachmalen. *Wortkärtchen*, die im Raum verteilt
sind, benennen die Elemente des Raumes, das Kind kann die Begriffe lesen
und den Gegenständen zuordnen. Man kann den Kindern aber auch ein
Körbchen mit verschiedenen Begriffen anbieten; die Kinder lesen dann die
Begriffe und legen oder hängen sie dorthin, wo sie hingehören.

Mehrsprachigkeit

Ein Junge, vielleicht vier Jahre alt, hängt ein Kärtchen mit dem Wort
„Fenster" an den Fenstergriff. So weit, so gut. Dann dreht er es um, und
zu lesen ist dort: „window". Die Erzieherin erklärt: Das Kind wächst zwei-

sprachig auf. Warum sollte es nicht bei uns beide Sprachen in seinem Alltag wiederfinden?

Nicht ohne Grund wird die Ausbildung zum Montessori-Diplom in Deutschland als erfolgreiche Maßnahme der Sprachförderung anerkannt. – Und „Englisch im Kindergarten"? Kinder lieben Fremdsprachen, wenn sie ihre eigene Muttersprache beherrschen. So kann man mit Freude beobachten, dass in einem Montessori-Kinderhaus viele Sprachen kultiviert werden, nachdem die deutsche Sprache sicher grundgelegt ist.

Sprachkompetenz – Was kann man zu Hause tun?

Ganz wichtig ist die Sprache, die zu Hause gesprochen wird.

Die Eltern sind die entscheidende Sprachumgebung für das Kind.

Sprachkultur

Die Kinder sollen in Wortwahl, Satzbau, Klang und Lautstärke Sprachkultur erfahren. Die kindliche Sprachkompetenz reichert sich durch eine kultivierte Sprachumgebung in jedem Fall an, andererseits kann sie auch verkümmern oder verarmen, wenn es daran fehlt.

Daher ist es wichtig, Zeit zu haben für gemeinsames Lesen von ausgewählten Bilderbüchern, vielleicht auch für das gemeinsame Singen und die Freude an (einfachen) Gedichten.

Der Montessori-Sprachlehrgang lässt sich in seinem Grundansatz gewiss auch zu Hause nachahmen.[56]

„In eurem Bunde der Dritte ..."

Ich saß auf dem Stuhl für Besucher – auf dem man sich still und unauffällig verhalten muss –, da kommt ein Kind zu mir, schaut mich an und sagt: „Ich sei, gewährt mir die Bitte, in eurem Bunde der Dritte."

Die relativ junge Montessori-Pädagogin hatte die Faszination der Kinder für sprachlichen Rhythmus und Metrum entdeckt, wie sie durch Balladen erlebt werden können. In diesem Falle war es *Die Bürgschaft*, eine Ballade von Friedrich Schiller.

Erstaunt fragte ich die Erzieherin, welche Balladen sie denn sonst noch vortrage. Die Gruppe hatte ein Balladenbuch. Es waren meistens fröhliche. Und die Eltern waren erstaunt, wenn die Kinder mit Zitaten nach Hause kamen.

Ich fühlte mich wie „Herr von Ribbeck auf Ribbeck im Havelland" und hätte am liebsten jedem Kind eine Birne geschenkt. Es war eine große Überraschung und eine schöne Erfahrung. Wir unterschätzen Kinder immer wieder.

Übung des Schweigens und Erfahrung der Stille

„Man sagt z. B.: ‚Ruhe'! Da haben wir's, das Kommando! Und gerade um ‚Ruhe' zu sagen, schlägt man manchmal noch auf irgendetwas. Das ist wahrlich ein Widerspruch. Es ist völlig unlogisch! Nun, wenn wir das Schweigen wollen, müssen wir es lehren" (Montessori 1979: 68).

Das ist typisch für Montessori: Schonungslos deckt sie die Widersprüchlichkeit erwachsenen Handelns auf. Und wer kennt nicht diese Situation, zu Hause, aber auch im Kindergarten: Eltern, die entnervt „Nun sei doch mal endlich leise!" rufen, und zwar so laut, dass es durch alle Räume hallt. Oder Erzieherinnen, die quer durch den Raum „Ruhe endlich!" rufen, ja fast brüllen.

Aber wollen und brauchen die Kinder überhaupt Stille, die Abwesenheit von Geräusch, wollen sie Ruhe, also die Übereinstimmung der Stille mit dem

---

56   Vgl. Hainstock 1971: 110–121.

eigenen Körper, wollen sie vielleicht gar das Schweigen, jenen aktiven Erlebnisvorgang, der aus der Ruhe erwächst?

Montessori hat diese Gedanken nicht so weit ausdifferenziert. Dafür hat sie aber einen völlig anderen und eigenen Zugang zu Stille und Schweigen entwickelt als jene Kindergarten- und Schulpädagogen, die mit allerhand ausgeklügelten Methoden versuchen, die Kinder zur Ruhe zu bringen. Für Montessori gilt auch hier: *„Die Kinder sind es, die mich alles gelehrt haben."*

Eine auferlegte, erzwungene Stille führt jedenfalls nicht zur Ruhe, sondern verursacht Aggressivität. Montessori spricht in diesem Falle von *negativer Stille.* Dagegenzusetzen ist eine innerlich bejahte und gewünschte, eine *positive Stille* im Sinne Montessoris. Sind Kinder dazu bereit?

„positive Stille"

Montessori hat dazu eigene Erfahrungen gemacht, wie sie es anschaulich berichtet (Montessori 1979: 67ff): *„Da begann ich zu fragen, ob sie die Stille da an diesem Tage liebten, und sie sagten alle: ‚Ja!' Und dann sagte ich: ‚Wollen wir sie halten?' Und sie wünschten es sehr"* (Montessori 1979: 71).

Stille-Übungen kann man im Sinne Montessoris nicht verordnen. Wenn man das Kind in seiner spontanen Aktivität zur freien Arbeit ernst nimmt, hat man auch seine Bereitschaft zur Stille und zum Schweigen zu respektie-

Stille-Übungen

ren. Daraus folgt, dass Montessori neben Übungen der Stille und sogenannten Leise-Übungen eine „Lektion des Schweigens" anbietet.[57]

Besonders diese Schweigelektion wird sorgfältig vorbereitet. Es ist ein Angebot an alle Kinder im Raum. Es kann durch ein Signal oder ein Symbol, das alle kennen, angekündigt werden. Zunächst aber ist es wichtig, dass die Pädagogin oder der Pädagoge selbst vorbereitet ist. Wer keine Ruhe in sich trägt, wer innerlich hektisch und gestresst ist, der sollte zunächst selbst zur Ruhe kommen. Erst dann kann man glaubwürdig eine Schweigelektion anbieten. Die Vorbereitung der Kinder vollzieht sich in mehreren Stufen:

1. Es wird alles weggeräumt.
2. Die Kinder nehmen eine bequeme Sitzhaltung ein. Was das heißt, haben die Kinder bereits in vorherigen Übungen erprobt. Manche lieben den Fersensitz, andere den Schneidersitz, später wird man Kinder im halben oder vollen Lotossitz finden.

---

57 Bei der Leise-Übung geht es darum, die Kinder – auch unter Verwendung von Medien (Wort und/oder Klang) – zu einer psychomotorischen Entspannung bei gleichzeitiger koordinierter Bewegung zu bringen. In der „Lektion des Schweigens" besteht das Ziel darin, dass man es möglichst vermeidet, irgendwelche Geräusche zu verursachen, und so zu zunehmender innerer Sammlung findet.

3. Durch behutsame und sparsame sprachliche Führung lenkt die Pädagogin das Bewusstsein der Kinder auf den Körper. Sie beginnt bei den Kontaktstellen mit dem Boden und führt über die Füße bis hin zur Atmung. (Auch dies muss in der Montessori-Ausbildung sorgfältig geübt sein.) Auf keinen Fall werden Mechanismen des autogenen Trainings angewendet. Dazu sind die Pädagoginnen nicht ausgebildet.

4. Die Kinder sitzen in Ruhe, nahezu geräuschlos, in der selbstgewählten Haltung auf dem Boden. Sie nehmen nur sich selbst und die Umgebung wahr. Die Pädagogin beobachtet vom Rande aus und greift normalerweise nicht ein. Alles im Raum ist Schweigen.

5. Vom Rand des Raumes aus beendet die Pädagogin die Lektion des Schweigens. Leise flüstert sie nach und nach den Namen eines jeden Kindes. Dieses steht auf und geht mit leisen Schritten an seinen Platz. Wenn alle sitzen, kann die Arbeit fortgesetzt werden.

Es gibt also keine Reflexion, keine Traumreise, keine Musik – nur das Schweigen steht im Raum. Und die Kinder lieben es in der Regel. Bisweilen gibt es während der Freiarbeit Nachgespräche. Die Kinder tauschen sich aus, was sie alles im Nebenraum gehört haben, was sie sonst nie hören. Insgesamt kann man festhalten: Es wächst die Sensibilität für Geräusche, es wächst innere Disziplin, und es eröffnen sich neue Erlebniswelten.

Und zu Hause?

Natürlich lässt sich eine solche Übung auch zu Hause durchführen. Aber es gibt doch anderes. Man könnte zum Beispiel mal ein *Frühstück ohne Worte* machen. Dabei verständigt man sich nur mit Gesten. Man könnte versuchen, eine Zeit lang so leise zu gehen, dass niemand es hört. Man könnte Geräusch- und Klangübungen folgen lassen, die das Gehör schärfen. Und man könnte versuchen, so leise zu sprechen, dass das Kind es auch im anderen Raum wahrnehmen kann, weil es die Erfahrung gemacht hat, dass niemand mehr durch die Wohnung ruft: „Komm endlich rüber, das Essen ist fertig!"

Für die Familie ist eine *Kultur der leisen Worte* von Bedeutung. Und wenn man etwas von seinem Kind will, sollte man zu ihm hingehen, den Blickkontakt suchen, möglichst auf Augenhöhe, und dann sagen, was man wünscht.

Alles hängt zusammen: Montessoris „Kosmische Erziehung"

Eines Tages machte Maria Montessori die Erfahrung, dass die Kinder mit dem Materialangebot nicht mehr zufrieden waren. Ernüchtert stellt sie fest: *„Doch es gab keinen Fortschritt und viel Unzufriedenheit. Wir versuchten, die Kinder aus ihrer Apathie herauszuholen, indem wir ihnen Mathematikmaterial gaben. Sie nahmen es an, blieben jedoch gleichgültig."*

So will sie herausfinden, was diesen Grundschulkindern fehlt, und kommt zu der Einsicht: *„Wir begannen damit, den Kindern eine Vorstellung vom Universum und vom Sinn des menschlichen Lebens im Kosmos zu geben. Wenn Fragen aufkamen, verhalfen wir ihnen mit Hilfe einfacher und konkreter Hilfsmittel zu einem Verständnis der Wirklichkeit und der Ordnung der Weltereignisse"* (Montessori / Montessori 1998: 13).

„Wenn das Kind lernt, die Zusammenhänge zwischen den Dingen zu sehen, und wenn es bemerkt, dass kein einziges Ereignis in der Welt für sich allein steht und dass man überall Zusammenhänge finden kann, dann wird sein Interesse geweckt" (Mario Montessori 1973: 2f).

Zusammenhänge

Montessori geht davon aus, dass in unserer Welt, ja im ganzen Kosmos alles mit allem zusammenhängt. Sie glaubt nicht, dass dies ein Zufall ist, sondern sie geht von einer „kosmischen Ordnung" aus. Der Mensch kann in diese Ordnung wirksam und nachhaltig eingreifen. Und das hat Folgen, gute oder schlechte, je nachdem. In ihren indischen Jahren wurde ihr klar, dass es eine Aufgabe der Erziehung ist, die Menschen zur *Weltverantwortung* zu befähigen, damit sie bewahren, was ihnen anvertraut wurde. Und gleichzeitig erkannte sie, dass es ein großes Anliegen der Kinder ist, nicht erst im Schulalter, *Zusammenhänge* herauszufinden und zu verstehen. Das ist der Grundgedanke der „Kosmischen Erziehung" im Sinne Montessoris.

Forschergeist

Es ist leicht nachvollziehbar, dass dieser Grundgedanke nicht in die Grenzen eines einzelnen Faches eingeschlossen werden kann, sondern in der Konsequenz das gesamte pädagogische Konzept durchzieht. So sind die Kinder im Kinderhaus *kleine Forscher, die aber viel weiter fragen als nur nach naturwissenschaftlichen Grundzusammenhängen*. Dabei kommt es für die Kinder in der Montessori-Krippe gerade in ihrer ersten Lebensphase darauf an, dass sie ihre *elementaren Erfahrungen so machen, dass sie die Welt als für sie gut geordnet, zuverlässig, liebevoll und sicher erfahren.*

Später dürfen sich dann im Schulbereich – in der Primarstufe wie auch in der Sekundarstufe – echte Nachforschungen über unser Ökosystem ergeben. Dabei lassen sich die in freier, spontaner Aktivität gewonnenen Fähigkeiten im mathematischen und sprachlichen Bereich sowie die Fähigkeit zu (selbst)verantwortlichem Handeln und dazu, die eigene Position zu begründen oder zu verteidigen, gut anwenden und weiter einüben.

Hinweise für die Familie

Jede Familie ist wie ein eigener Kosmos. Sie hat ihre eigenen Gesetzlichkeiten und damit auch ihre eigenen Störquellen. Eltern sollten sich bewusst sein, dass Kinder diese Systeme erfahren und auf jede Störung sehr sensibel reagieren.

Die Familie muss zum Fragenstellen, zum Diskurs, zum kultivierten Ringen um Wahrheit, zum argumentativen Streit ermutigen.

Das beginnt mit den lästigen Warum-Fragen der 4-Jährigen. Es hilft aber alles nichts: Aushalten! Antworten. Warten, bis eine Sättigung eintritt.

Und wenn dann ein 6-Jähriger fragt: „Tommis Vater hat gesagt, dass es Gott gar nicht geben kann" ...?

Das beste pädagogische Angebot für Ihr Kind

Montessoris Denkansatz hat immer auch die Fragen im Blick, die sich dem nach Sinn und Zusammenhängen suchenden Kind aufdrängen, oft aus Alltagserfahrungen heraus.

Wir können in der Tat durch diese Kinderfragen zu eigenem Nachdenken angeregt werden. Und wer möchte seinem Kind eine Antwort schuldig bleiben – oder nicht wenigstens Hinweise geben, die auf einen Weg dorthin führen?

Der „kosmische" Ansatz kann – unabhängig vom Alter des Kindes – die Familie in eine spannende Denk-Dynamik hineinführen. Allerdings muss man auch sagen: Hier gibt es auch in der Montessori-Bewegung noch viel zu tun.

Die Montessori-Schule: ein weltweites Erfolgsmodell

Über 30.000 Montessori-Einrichtungen gibt es wohl weltweit. Die meisten davon sind Kinderhäuser oder Schulen.

Die deutsche und auch die österreichische Montessori-Schule ist aufgrund der bei uns gegebenen beherrschenden Stellung des Staates im Schulbereich in der Regel das Ergebnis eines zähen Ringens mit staatlichen Institutionen. Und in der Schweiz gibt es für die Montessori-Schulen größtenteils nur eine freie Trägerschaft.

Rechtliches

Für die deutschen freien Schulen leistet, wenn diese staatlich genehmigt oder staatlich anerkannt sind, der Staat einen gesetzlich geregelten Zuschuss. Er deckt zwar nicht die gesamten Kosten, ermöglicht aber mindestens einen Basisbetrieb. Es sind also – von Bundesland zu Bundesland verschieden – zusätzliche Einnahmen erforderlich.

Eine Montessori-Schule in Deutschland ist in gewisser Weise immer auch eine Kompromiss-Schule: Sie muss sich bestimmten staatlichen Vorgaben unterwerfen, weil sie sonst nicht refinanziert würde. Die Lehrer müssen in aller Regel eine staatliche Ausbildung für das entsprechende Lehramt vorweisen. Und die staatlichen Lehr- und Bildungspläne sind auf jeden Fall zu erfüllen, wobei die Regel gilt: Gleichwertig – aber nicht gleichartig.

Man trifft in den freien Montessori-Schulen in der Regel auf hoch motivierte und engagierte Eltern. Die pädagogischen Standards für das Montessori-Konzept in Kinderhaus und Grundschule sind im Wesentlichen weltweit einheitlich.

Das bedeutet für den deutschen Sprachraum in der Regel:

1. Hauptfach an einer Montessori-Schule ist „freie Wahl der Arbeit in Vorbereiteter Umgebung". Man kann davon ausgehen, dass diese „Freiarbeit" zeitlich den größten Raum des Schultages beansprucht. Auf diese Weise werden unter anderem alle Inhalte des staatlichen Bildungsplanes mit adäquaten und auch weiterführenden Montessori-Materialien abgedeckt.

Grundmerkmale

2. Die oft jahrgangsgemischten Montessori-Klassen werden geleitet von einer Montessori-Pädagogin bzw. einem Montessori-Pädagogen, die bzw. der die etwa zweijährige Ausbildung zum Montessori-Diplom erfolgreich absolviert hat. (Die Diplom-Standards waren einmal definiert. Es gibt aber verschiedene Anbieter, die sowohl inhaltlich als auch im Hinblick auf die Qualifikation der Dozenten sowie auf die Ansprüche gegenüber den Teilnehmerinnen und Teilnehmern davon abweichen.)

3. Montessori-Schulen sind konzeptionell und von der Struktur her inklusiv. Hier geschieht soziale Integration durch die gemeinsam lernende Gruppe. Selbstverständlich wird die Arbeit je nach fachlichem Bedarf und nach Maßgabe des Trägers individuell begleitet.

4. Absolventen von Montessori-Schulen liegen, wie inzwischen mehrere Untersuchungen nachweisen, in ihren fachlichen Leistungen zum Teil über den geforderten Durchschnittsergebnissen (vor allen Dingen im mathematischen Bereich), im sprachlichen Bereich in der Regel auf dem gleichen Niveau – und sie zeigen im sozialen Bereich herausragende Kompetenzen: Problemlösungskompetenz, Originalität und Kreativität kombinieren sich mit ausgeprägtem Sozialverhalten. Die Rückmeldungen von Arbeitgebern sind sehr ermutigend. Wichtig aber ist, dass die Fähigkeiten der Kinder realitätsnüchtern einzuschätzen sind. Es wäre verhängnisvoll für alle Beteiligten, von einer Montessori-Schule zu verlangen, Unmögliches möglich zu machen.[58]

Montessori-Pädagogik macht nicht möglich, was die Natur nicht zulässt. Aber sie macht sichtbar, was möglich ist. Und dann hängt es von Menschen und von weiteren Bedingungen ab, ob das auch Wirklichkeit wird.

---

58 Vgl. Liebenwein / Barz / Randoll 2013.

Das beste pädagogische Angebot für Ihr Kind

Mit den Eltern unterwegs. Wie Montessori-Pädagogen ihren Beruf verstehen

Diese Erfahrung teilen leider manche von uns: Eine lieblose Erzieherin oder ein unmotivierter Lehrer – sie können Schicksal spielen für unsere Kinder. Da mag das folgende Schlüsselerlebnis erhellend sein:

Als Studienrat im Kinderhaus
„Ich war auf der Suche nach einem pädagogischen Weg für mich und zu Gast zum ersten Mal in einer Montessori-Einrichtung, einem Kinderhaus. So leise? Ob hier etwas nicht stimmt? Überall tätige, aktive kleine Kinder. Seltsam. Ein Kind kommt auf mich zu, es mag vielleicht vier Jahre alt sein. Es weist auf einen Stuhl und sagt: ‚Das ist der Platz für Gäste.‘ Es war völlig klar, dass ich mich dort hinzusetzen und ruhig zu verhalten hatte. Weit und breit keine Erzieherin sichtbar. Und doch eine hohe Aktivität. Irgendwie klar geordnet. Schließlich kommt die Erzieherin. Sie sagt mir, sie habe einem Kind ‚eine Lektion gegeben‘. Dieses Wort löst bei mir sehr unangenehme Erinnerungen aus. Später erfahre ich, dass sie einem Kind, das mit dem goldenen Perlenmaterial arbeitete, einige Aufgaben gegeben hatte und ihm gezeigt hatte, wie man mit dem Perlenmaterial größere Summen addiert.
Später, im Auswertungsgespräch, hörte ich Sätze, die ich nicht vergessen werde. ‚Der Erwachsene muss demütig werden, er muss vom Kind lernen, groß zu werden.‘ – Ich war irritiert, da alles so anders war, als ich es in meiner Ausbildung zum Motivations-artisten (Lehrer) gelernt hatte. Montessori aber erwartet offensichtlich, dass die Hauptleistung vom Kind erbracht wird und der Erwachsene sich in dessen Dienst stellt. Es müsse also nicht herrschen, sondern mutig, demütig sein. Sie erwarte dann von uns Einkehr und Umkehr als Grundlage einer neuen Beziehungsstruktur. Zentrale Fähigkeit des Pädagogen sei dann die Bereitschaft und Kompetenz zur Beobachtung und Wahrnehmung. Und das müsse man üben. Immer wieder, denn nur so könne der Pädagoge erkennen, was ein Kind brauche. Das alles nahm ich mit nach Hause.“

Montessori formuliert pointiert und setzt dem Pädagogen Ziele:

> *„Wir müssen dem Kind dabei helfen, selbst zu handeln, selbst zu wollen, selbst zu denken.“*[59]

---

59   Montessori 2017: 152 = Montessori 1998: 141.

Der Montessori-Erzieher geht also mit einer anderen inneren Einstellung auf das Kind zu. Er muss in der Lage sein, das Kind und seine Bedürfnisse zu entdecken, und muss dann Bedingungen zur Verfügung stellen, die eine optimale Entwicklung des Kindes ermöglichen. Auf den richtigen Zeitpunkt kommt es an. Dazu braucht er Wissen über die sensiblen Perioden und über die Signale, die ein Kind senden kann. Dabei gilt grundsätzlich: *„Wer* bedient *wird, statt dass man ihm* hilft, *nimmt in gewissem Sinne an seiner Unabhängigkeit Schaden. [...] ‚Ich* [als Kind, d. Verf.] *will mich nicht bedienen lassen,* weil *ich nicht ohnmächtig bin, aber wir müssen uns gegenseitig* helfen, *weil wir gesellige Wesen sind'; dies müssen wir erringen, bevor wir uns wirklich frei fühlen"* (Montessori 2010a: 70).

Statt von der Lehrerin oder dem Lehrer spricht Montessori oft von der Leiterin oder dem Leiter. Damit wird deutlich, dass es vor allen Dingen die Aufgabe des Pädagogen ist, die Lernbedingungen so zu steuern, dass sie optimal sind.

„Die Struktur der Leitung besteht in einer Spannung von respektierender Freigabe in Verbindung mit disziplinierter Zuneigung, die Montessori auch als geläuterte Liebe versteht und Freundlichkeit nennt" (Holtstiege 1991: 56).

So ist die erste Aufgabe des Pädagogen, dem Kind eine „Vorbereitete Umgebung" zu schaffen. Die Lern- und Arbeitsmittel, das didaktische Montessori-Material, müssen vollständig zur Verfügung stehen und den genannten Kriterien entsprechen.[60] Freiheit ohne Organisation (der Arbeit), so meint Montessori, wäre nutzlos (vgl. Montessori 2010b: 152f).

Vorbereitete Umgebung

In der Vorbereiteten Umgebung bietet sich der Montessori-Pädagoge dem Kind als Anreger der kindlichen Aktivität an. So wird er gleichzeitig zu einer Art „Bindestrich" zwischen Sache und Mensch. Bisweilen könnte man in Montessori-Einrichtungen die Befürchtung haben, der Montessori-Pädagoge nehme sich so sehr zurück, dass es wie Bequemlichkeit aussieht. Es geht aber um etwas ganz anderes: *„Der Lehrer muss das Kind führen, ohne es seine eigene Anwesenheit zu sehr spüren zu lassen. Er muss es immer verstehen, bei ihm den Moment zu erfassen, in dem Hilfe erforderlich ist, ohne jedoch als Hindernis zwischen dem Kind und seiner Erfahrung zu stehen"* (Montessori 2010b: 115).

Seine Sachfehler kann das Kind durchaus selbst korrigieren. Fehlverhalten aber, wie es sich in Trägheit, Faulheit oder einem Missbrauch der

---

60 Vgl. S. 118 ff.

Freiheit äußern kann, wird der Pädagoge nicht zulassen. Deshalb bietet der Montessori-Pädagoge dem Kind nicht nur nach einer Weile der Beobachtung eine Arbeit an, sondern wenn er merkt, dass ein Kind aussteigt, ist dies darüber hinaus Anlass zu einem pädagogischen Gespräch.

Es ist gut, wenn Eltern, bevor sie sich für eine Montessori-Schule entscheiden, die Möglichkeit zu nutzen, den Alltagsbetrieb in der Freiarbeit kennenzulernen. Man wird gewiss erstaunt sein über die Vorbereitete Umgebung und die Aktivität der Kinder – und vielleicht auch verwundert über die völlig veränderte Rolle des Pädagogen.

Was die Qualität eines Montessori-Pädagogen betrifft, hat Montessori selbst einige Kriterien genannt – allerdings mit Blick auf die Pädagogen für
Kriterien das Kinderhaus. Und wir können fragen, ob diese Kriterien auch für die Lehrer in der Schule gelten können. Vielleicht sind sie zu modifizieren.

„1. *Die Lehrer haben zunächst eine Pflicht materieller Ordnung: minutiös die Umgebung zu pflegen, sodass sie sich sauber, glänzend, geordnet darstellt; die Folgen der Abnutzung durch den Gebrauch beheben, ausflicken, neu bemalen oder auch für anziehenden Schmuck sorgen. ‚Wie ein treuer Diener tut, der das Haus in Erwartung seines Herrn bereitet.‘*

2. *Der Lehrer muss den Gebrauch der Dinge lehren, ausführend zeigen, wie sich die Übungen des praktischen Lebens vollziehen: und dies mit Anmut und Genauigkeit, damit alles in der Umgebung Befindliche von dem benutzt werden kann, der es wählt.*

3. *Der Lehrer ist ‚aktiv‘, wenn er das Kind mit der Umgebung in Beziehung bringt: Er ist ‚passiv‘, wenn diese Beziehung erfolgt ist.*

4. *Er muss die Kinder beobachten, damit ihre Kraft sich nicht vergebens verflüchtigt, wenn eines verborgene Gegenstände sucht oder eines der Hilfe bedarf.*

5. *Er muss herbeieilen, wohin er gerufen wird.*

6. *Er muss zuhören und antworten, wenn er dazu eingeladen wird.*

7. *Er muss das Kind, das arbeitet, respektieren, ohne es zu unterbrechen.*

8. *Er muss das Kind, das Fehler macht, respektieren, ohne es zu korrigieren.*

9. *Er muss das Kind respektieren, das sich ausruht und das den anderen bei der Arbeit zusieht, ohne es zu stören, ohne es anzurufen, ohne es zur Arbeit zu zwingen.*

10. *Er muss aber unermüdlich versuchen, demjenigen Kind Gegenstände anzubieten, das sie schon einmal abgelehnt hat; das zu unterweisen, das noch nicht verstanden hat und Fehler macht. Und dies, indem er die*

Umgebung mit seinem Sorgen belebt, mit seinem bedachten Schweigen, mit seinem sanften Wort, mit der Gegenwart jemandes, der liebt.

11. *Der Lehrer muss seine Gegenwart das Kind spüren lassen, das sucht; sich verbergen dem, das gefunden hat.*

12. *Der Lehrer erscheint dem Kind, das seine Arbeit vollendet und frei seine eigene Kraft erschöpft hat, und bietet ihm schweigend seine Seele an wie einen geistigen Gegenstand* (Montessori 2017: 153f = Montessori 1989: 109f).

Montessori pflegt eine etwas blumige Sprache. Die Aufzählung enthält aber nichtsdestoweniger, glaube ich, gute Anregungen für Eltern, wenn sie die Qualität einer Montessori-Einrichtung überprüfen und abgleichen wollen, ob die dort formulierten Vorstellungen vom Pädagogen mit den ihren übereinstimmen. Im Montessori-Kinderhaus ist das kaum ein Problem. Die Kinder entwickeln und bilden sich in einer altersgemischten Gruppe. Es wird nicht nach Leistung gefragt oder danach differenziert: Sie wird vom Kind ganz selbstverständlich mit Freude und gemäß seinen Möglichkeiten erbracht. Die Bedingungen stimmen, „Montessori macht's möglich". Im Schulalter gibt es dann häufiger Brüche: Eltern formulieren oft schon früh und undifferenziert Leistungserwartungen – nicht selten jetzt schon mit der Perspektive Abitur. Dann können das Montessori-pädagogische Selbstverständnis des Lehrers und die Projektionen anspruchsvoller Eltern auch durchaus aufeinanderprallen.

Leistung

Vielleicht ist aber hier auch die Frage nicht unangemessen, was denn von den Aufforderungen und Appellen Montessoris an den Pädagogen gleichermaßen auch an die Eltern gerichtet sein könnte. Das wäre zum Beispiel ein guter Ansatz für eine Lehrer-Eltern-Fortbildung auf der Basis der Montessori-Pädagogik und einer erziehungspartnerschaftlichen Auffassung ihrer gemeinsamen Aufgaben.

Kann ein Kind in der Montessori-Schule auch „versagen"? Nicht das Kind hat dann versagt, sondern das ganze System aus Eltern, Schule und sonstigen Einwirkenden. Es liegt dann nicht am Montessori-Bildungskonzept, sondern oft an überzogenen Erwartungen. Wenn sich eine solche Entwicklung andeutet, sollte man frühzeitig nach einem Montessori-kundigen Moderator Ausschau halten.[61]

---

61 Der Autor hilft bei der Suche gerne weiter.

AKTUELLER DENN JE …

Eltern heute blicken sehr bewusst auf die zukünftige Welt ihrer Kinder.

Ist Montessori-Pädagogik denn wirklich ein Weg, der Kinder stark macht und ihre Möglichkeiten aufblühen lässt?

Wir leben in einer sehr komplizierten Welt.

Montessori aber wusste noch nichts vom demografischen Wandel. Sie ahnte noch nichts von einer drohenden ökologischen oder atomaren Katastrophe. Sie kannte nicht die großartigen Möglichkeiten heutiger medizinischer Diagnostik. Sie erlebte nicht die Digitalisierung des Alltags (Industrie 4.0), Tablet und Smartphone, Facebook, Twitter, Whatsapp usw.

Aber wegen des raschen Wandels unserer Lebenswelt haben Eltern heute mehr denn je das Recht, einen pädagogischen Weg zu fordern, der unsere Kinder stark macht, sich den Herausforderungen der Zukunft kraftvoll zu stellen.

Einen solchen Weg – unabhängig, aber doch bezogen auf die gegenwärtige Geschichte – will die Montessori-Pädagogik weisen.

Und sie ist nicht nur ein großartiger Weg, der Kinder ermutigt und befähigt, ihre Möglichkeiten auszuschöpfen und verantwortlich zu leben. Sie benennt auch sehr klar – und hat das schon vor geraumer Zeit getan – Problemfelder, die uns alle heute betreffen:

Gerechtigkeit

„Es wäre notwendig, dass die Reichtümer auf kein Land beschränkt, sondern für alle gleichermaßen zugänglich wären" (Montessori 1973: 22).

Frieden oder Katastrophe

Vehement plädiert Montessori in ihren großen Reden zum Frieden für eine gerechte Verteilung der Güter. Es könne doch nicht sein, dass man unerschöpfliche Energien (sie spricht um das Jahr 1930 von der Sonnenenergie!) bändigen und nutzen, sie aber nicht mit allen Völkern teilen könne. Irgendwann würde sich dies gegen die ökonomischen Egoisten richten und zur Katastrophe führen.

Erziehung für den Frieden

Für Montessori ist es völlig klar, dass alle Analysen gesellschaftlicher Konflikte nicht ausreichen, um Frieden zu schaffen. Zuspitzend stellt sie fest: *„Die Erziehung ist die Waffe des Friedens"* (Montessori 1973: 66).

Nazione unica

Gegen globale Herrschaftsansprüche setzt Montessori eine Vision: den Entwurf einer „nazione unica", einer Weltfriedensgesellschaft, die von Gerechtigkeit und Harmonie bestimmt ist.

„Kein Phänomen kann eine Gruppe von Menschen treffen, ohne dass eine andere die Folgen davon spürt, und um es besser zu sagen, die Interessen jeder Gruppe sind die Interessen aller" (Montessori 1973: 49).

Das Kind als Lehrmeister der Liebe

Montessoris ganze Hoffnung ist eine Persönlichkeitsbildung des Kindes, die es zu einem Menschen macht, dessen Lebensprinzip nicht das Recht des Stärkeren, sondern das Gesetz der Liebe ist. Diesem Gesetz zu folgen und dazu beizutragen, dass es sich im Wesen des Kindes entfalten kann, ist das pädagogische Credo aller Montessori-Einrichtungen.

Woher aber sollen wir wissen, „wie Liebe geht"?

Montessoris Antwort lautet (und sie kann vielleicht auch eine Art Zusammenfassung dessen sein, was die Absicht dieses Buches war):

„Das Studium der Liebe und ihrer Anwendung führt uns zur Quelle, aus der sie entspringt: das Kind."[62]

---

62 Montessori 1972: 266 f.

MARIA MONTESSORI – EIN LEBEN FÜR KINDER

Am 31. August 1870 wird Maria Montessori als einziges Kind des Finanzbeamten Alessandro Montessori und seiner Frau Renilde geb. Stoppani in Chiaravalle bei Ancona/Italien geboren.

Nach dem Besuch der sechsjährigen Grundschule (1876–1882) setzt sie es durch, dass sie die naturwissenschaftlich-technische Sekundarschule (1882–1890) besuchen darf.

Ihr Wunsch, Medizin zu studieren, wird zunächst abgelehnt, weil das Medizinstudium für Frauen in Italien nicht vorgesehen ist. Also studiert sie in den Jahren 1890–1892 Naturwissenschaften an der Universität Rom.

Gegen den Willen ihres Vaters erreicht sie schließlich, dass sie als erste Frau in Italien von 1892 bis 1896 ein Medizinstudium absolvieren kann, das sie mit der Promotion am 10. Juli 1896 abschließt. Zunächst Assistenzärztin an der chirurgischen Klinik, ist sie ab 1897 an der psychiatrischen Klinik der Universität Rom tätig.

Ein Schlüsselerlebnis in einer sogenannten Heilanstalt – sie erlebt, wie angeblich geistesschwache Kinder aus Brotresten Figuren formen, und schließt auf deren Entwicklungspotenzial – lässt sie nach neuen Wegen für die pädagogische Arbeit mit geistig Behinderten suchen. In diesem Zusammenhang studiert sie die medizinisch-heilpädagogischen Schriften der Franzosen Jean Itard und Édouard Séguin.

Mit zahlreichen Vorträgen bringt sie einem interessierten Publikum ihre Vorstellungen von der Emanzipation der Frau nahe.

Ab 1899 übernimmt sie eine Dozentur am Ausbildungsinstitut für Lehrerinnen in Rom, wo sie Hygiene und Anthropologie unterrichtet. 1900 wird sie zur Leiterin eines pädagogischen Instituts zur Ausbildung von Lehrern für behinderte Kinder berufen. Dort wird unter ihrer Anleitung ihre Methode zur Erziehung und Unterrichtung geistig behinderter Kinder vermittelt.

Bereits im Jahre 1898 war sie Mutter eines Kindes geworden. Mit dessen Vater, einem Kollegen, war sie übereingekommen, keine Ehe einzugehen. Als er dann doch heiratet, bricht sie alle Brücken zu ihm ab. Mario wird bei einer Amme aufgezogen: Als „ledige Mutter" wäre Maria Montessori in der damaligen Gesellschaft ohne jede Chance gewesen. Mario begleitet seine Mutter später, wird von ihr adoptiert und setzt (vor allem in Indien seit 1938) mit und neben ihr pädagogische Akzente (z. B. in der „Kosmischen Erziehung").

In den Jahren 1904–1908 hält sie Vorlesungen über Anthropologie und Biologie am pädagogischen Institut der Universität Rom und arbeitet auf verschiedene Weise bei der Ausbildung von Lehrerinnen mit. Etliche medizinische Publikationen erscheinen.

Am 6. Januar 1907 eröffnet sie die erste „casa dei bambini" im römischen Proletarierviertel San Lorenzo.

Die überraschenden pädagogischen Erfolge, die sie bei ihrer Arbeit mit geistig Behinderten erlebt hatte, wiederholen sich nun in der Arbeit mit Kindern aus sozial schwachen Familien.

In der Folge (seit 1909) gibt sie ihre in der Praxis gewonnenen Erkenntnisse in (nationalen und internationalen) Ausbildungskursen weiter. Gleichzeitig veröffentlicht sie ihre wesentlichen Grundgedanken.

1911 gibt sie ihre Arztpraxis auf, um sich ausschließlich der internationalen Verbreitung ihrer Pädagogik zu widmen. Es folgen längere Reisen in die Vereinigten Staaten, wo ihre Pädagogik begeistert gefeiert wird.

1916 siedelt sie nach Barcelona über, um dort ein Haus der „Kinder, die in der Kirche leben"[63] zu gründen und pädagogisch zu betreuen. Montessoris religionspädagogischer Ansatz führt Kinder in die damalige sinnenhafte Liturgie der katholischen Kirche ein.

Verschiedene weitere Reisen führen sie (außer durch Italien) nach England, in die Niederlande und auch nach Deutschland.

In vielen Ländern werden immer mehr Montessori-Schulen und -Kinderhäuser gegründet. Der Einflussbereich der Montessori-Pädagogik erstreckt sich mittlerweile von Europa über die Vereinigten Staaten bis zum indischen Subkontinent und nach Japan.

Die unermüdlich tätige und reisende Maria Montessori setzt sich in den 20er Jahren zunehmend auch für die Erhaltung des Friedens ein. In aufse-

---

63 Vgl. Montessori 1964.

henerregenden Vorträgen macht sie deutlich, in welchem Maße Frieden und Erziehung zusammenhängen.

Mit der Machtübernahme des Nationalsozialismus in Deutschland (1933) und dem Beginn des Bürgerkriegs in Spanien (1936) wird ihr bisheriges Werk in diesen Staaten zerstört, die Montessori-Einrichtungen werden verboten. Sie muss aus Barcelona fliehen und nimmt 1936 ihren Wohnsitz in Amsterdam.

Dort, wo sich die Montessori-Pädagogik dem totalitären Zugriff entziehen kann, blüht sie weiter. 1939 verlässt Montessori Europa und lebt – nach Ausbruch des Zweiten Weltkrieges als Italienerin zunächst für kurze Zeit von den Engländern interniert – gemeinsam mit ihrem Sohn Mario bis 1946 in Indien. Dort entwickelt sich die indische Montessori-Bewegung.

Als Montessori 1946 nach Europa zurückkehrt, ist ihr Lebenswerk im kriegszerstörten Europa nahezu vernichtet. Sie reist nichtsdestoweniger unermüdlich, hält Vorträge und Kurse und erlebt als annähernd 80-jährige zumindest in den Niederlanden und zunehmend auch im übrigen Europa ein Wiederaufblühen ihres Lebenswerkes.

Ihr nicht abreißendes Engagement für den Frieden wird dadurch gewürdigt, dass sie 1949, 1950 und 1951 für den Friedensnobelpreis vorgeschlagen wird.

Am 6. Mai 1952 stirbt sie überraschend in Noordwjik aan Zee in den Niederlanden. Ihr Sohn Mario Montessori erzählt vom Tode seiner Mutter:[64]

„An einem Maitage [...] saß ich mit ihr beim Mittagessen an einem Fenster mit dem Blick auf Blumen und Meer und erzählte ihr von meiner Bekanntschaft mit einem Beamten aus Ghana, das bald selbstständig werden sollte und dringend Schulen benötigte. Er wollte Mutter und mich für die Ausbildung von Lehrern gewinnen. ‚Wenn irgendwelche Kinder Hilfe brauchen, dann diese armen Kinder in den afrikanischen Ländern‘, sagte Mutter. ‚Selbstverständlich müssen wir hingehen.‘

Ich gab ihr die Hitze und die primitiven Lebensbedingungen zu bedenken. Schließlich war sie einundachtzig. ‚So, du willst also nicht, dass ich mitkomme!‘, schalt sie mich sanft. ‚Vielleicht gehe ich eines Tages hin und lasse dich hier.‘ [...] Dann ging ich aus dem Zimmer [...] Als ich zurückkam, war Mutter tot. Aber sie wäre nach Ghana gegangen – oder an jeden anderen Ort der Welt, wo sie von Kindern gebraucht wurde!"

---

64   Vgl. Montessori 2008: 271f.

ANHANG

Die Montessori-Pädagogik ist dermaßen umfassend und differenziert, dass man Mühe hat, sich zurechtfinden. Deshalb hier eine kleine Auswahl an Literatur zum Einstieg.

Wenn Sie Montessori im Original lesen wollen, bietet eine Auswahl von Texten, klar geordnet und alle Bereiche erfassend:
- Harald LUDWIG (Hrsg.): *Grundgedanken der Montessori-Pädagogik. Quellentexte und Praxisberichte*, Freiburg 2017

Wenn Sie eine systematische Darstellung der Montessori-Pädagogik suchen:
- Hans-Dietrich RAAPKE: *Montessori heute. Eine moderne Pädagogik für Kindergarten und Schule*, Reinbek 2001
- Michael KLEIN-LANDECK / Tanja PÜTZ: *Montessori-Pädagogik. Einführung in Theorie und Praxis*, Freiburg 2011
- Ulrich STEENBERG: *Kinder kennen ihren Weg. Ein Wegweiser zur Montessori-Pädagogik*, Ulm 2010 (8. Aufl.)

Wenn Sie sich genauer über die Montessori-Kita oder die Montessori-Schule informieren wollen:
- Ulrich STEENBERG: *Montessori in der Kita*, Freiburg 2015
- Barbara STEIN: *Die Montessori-Grundschule in Theorie und Praxis*, Freiburg 2012

Die Fachbegriffe der Montessori-Pädagogik erläutert:
- Ulrich STEENBERG (Hrsg.): *Handlexikon Montessori-Pädagogik*, Ulm 2014 (Neuausgabe) (mit Hinweisen auf weiterführende Literatur)

Die umfassendste deutschsprachige Bibliografie zu Montessori findet sich im Band 1 der auf 21 Bände angelegten *Gesammelten Werke* Maria Montessoris (*Die Entdeckung des Kindes*, Freiburg 2010) auf S. 598 ff.

Eine gute Übersicht enthalten auch die *Grundgedanken der Montessori-Pädagogik* (S. 426ff).

Die klassischen *Montessori-Materialien* und einige, die im Nachgang dazu entwickelt wurden, sind auf dem Markt frei zugänglich. Sie sind vor allem zum Gebrauch in Kinderhäusern und Schulen gedacht und werden zum Beispiel angeboten von der Firma Nienhuis Montessori.

Der richtige Umgang damit wird vermittelt in einem anerkannten *Montessori-Diplom-Lehrgang.*[65]

Kompetente und zuverlässige Anbieter für Diplom-Lehrgänge sind die *Deutsche Montessori-Vereinigung e. V.* (Aachen) (www.montessori-vereinigung.de) sowie die *Deutsche Montessori-Gesellschaft* (www.montessori-gesellschaft.de).

Eine gute Übersicht über Montessori-Organisationen (mit Kontaktadressen) findet sich auch in den *Grundgedanken der Montessori-Pädagogik* (S. 435f) und im *Handlexikon Montessori-Pädagogik* (S. 124–127).

Darüber hinaus bietet der Autor auch gerne an, persönlichen Kontakt mit ihm aufzunehmen (www.ulrichsteenberg.de oder www.montessori-akademie-sued.de).

Zitierte Literatur[66]

- Maria MONTESSORI (1952): *Kinder sind anders*, Stuttgart
- Maria MONTESSORI (1964): *Kinder, die in der Kirche leben*, Freiburg
- Maria MONTESSORI (1965): *Grundlagen meiner Pädagogik*, Heidelberg
- Maria MONTESSORI (1966a): *Über die Bildung des Menschen*, Freiburg
- Maria MONTESSORI (1972a): *Das kreative Kind. Der absorbierende Geist*, Freiburg
- Maria MONTESSORI (1972b): *Die geistliche Erziehung eines Lehrers*. In: Montessori-Werkbrief H. 28: 3–7.

65　Die Bezeichnung „Montessori-Diplom" ist in Deutschland und in Österreich nicht geschützt. Daher gibt es verschiedenste Anbieter am Markt, die durchaus nicht alle gleich seriös sind.

66　Im Text werden die einzelnen Titel in einer Kurzform (Autor + Erscheinungsjahr) angegeben.

- Maria MONTESSORI (1973): *Frieden und Erziehung*, Freiburg
- Maria MONTESSORI (1976): *Schule des Kindes*, Freiburg
- Maria MONTESSORI (1979): *Spannungsfeld Kind – Gesellschaft – Welt*, Freiburg
- Maria MONTESSORI (1985): *„Die Freiheit muß aufgebaut werden". Gruß-wort*. In: Montessori-Werkbrief 23/3-4: 121-124
- Maria MONTESSORI (1987): *Kinder sind anders*, München
- Maria MONTESSORI (1989): *Die Macht der Schwachen*, Freiburg
- Maria MONTESSORI (1992): *Dem Leben helfen*, Freiburg
- Maria MONTESSORI (1998): *Erziehung für eine neue Welt*, Freiburg
- Maria MONTESSORI (2008): *Grundgedanken der Montessori-Pädagogik*, hrsg. von Harald LUDWIG, 21. Aufl. Freiburg
- Maria MONTESSORI (2009): *Kinder sind anders*, Stuttgart
- Maria MONTESSORI (2010a): *Die Entdeckung des Kindes*, hrsg. von Harald LUDWIG, Freiburg (= *Gesammelte Werke* Band 1)
- Maria MONTESSORI (2010b): *Praxishandbuch der Montessori-Methode*, hrsg. von Harald LUDWIG, Freiburg (= *Gesammelte Werke* Band 4)
- Maria MONTESSORI (2011): *Das Kind in der Familie*, hrsg. von Franz HAMMERER, Freiburg (= *Gesammelte Werke* Band 7)
- Maria MONTESSORI (2015): *Von der Kindheit zur Jugend*, hrsg. von Michael KLEIN-LANDECK und Harald LUDWIG, Freiburg (= *Gesammelte Werke* Band 14)
- Maria MONTESSORI (2017): *Grundgedanken der Montessori-Pädagogik*, hrsg. von Harald LUDWIG, 25. Aufl. Freiburg (vollständig überarbeitete und erweiterte Neuausgabe)

* * *

- Dieter BAACKE (1999a): *Die 0–5-Jährigen. Einführung in die Probleme der frühen Kindheit*, 2. Aufl. Weinheim/Basel
- Dieter BAACKE (1999b): *Die 6–12-Jährigen. Einführung in die Probleme des Kindesalters*, Weinheim/Basel
- Lloyd DE MAUSE (1977): *Hört ihr die Kinder weinen. Eine psychogeneti-sche Geschichte der Kindheit*, Frankfurt
- Johannes DICHGANS (1994): *Die Plastizität des Nervensystems. Konse-quenzen für die Pädagogik*. In: Zeitschrift für Pädagogik 40, 229-246

- Elisabeth G. HAINSTOCK (1971): *Montessori zu Hause. Die Vorschuljahre*, Freiburg
- Helene HELMING (1977): *Montessori-Pädagogik. Ein moderner Bildungsweg in konkreter Dartsellung*, Freiburg
- Hildegard HOLTSTIEGE (1991): *Erzieher in der Montessori-Pädagogik*, Freiburg
- Hildegard HOLTSTIEGE (2000): *Modell Montessori. Grundsätze und aktuelle Geltung der Montessori-Pädagogik*, 12. Aufl. Freiburg
- Hildegard HOLTSTIEGE (2014): *Kosmos, Kosmische Erziehung*. In: Ulrich STEENBERG (Hrsg.): *Handlexikon Montessori-Pädagogik*, 68–71
- Gerhard KLEIN (2014): *Sinne / Sinnesmaterial*. In: Ulrich STEENBERG (Hrsg.) (2014): *Handlexikon Montessori-Pädagogik*, 111–114.
- Janusz KORCZAK (1967): *Wie man ein Kind lieben soll*, Göttingen
- Sylva LIEBENWEIN / Heiner BARZ / Dirk RANDOLL (2013): *Bildungserfahrungen in Montessori-Schulen. Empirische Studie zu Schulqualität und Lernerfahrungen*, Berlin
- Gudula MEISTERJAHN-KNEBEL (2014): *Erdkinderplan*. In: Ulrich STEENBERG (Hrsg.): *Handlexikon Montessori-Pädagogik*, 21–23
- Maria MONTESSORI / Mario M. MONTESSORI (1998): „*Kosmische Erziehung*". *Zusammenfassung von Vorträgen auf dem Kongress vom 11. bis 16. April 1950 in Amsterdam*. In: Montessori. Zeitschrift für Montessori-Pädagogik 36/1–2: 7–27
- Jean PIAGET (2015): *Das moralische Urteil des Kindes*, Stuttgart (= *Schlüsseltexte* Band 3, hrsg. von Richard Kohler)
- Adolf PORTMANN (1969): *Biologische Fragmente zu einer Lehre vom Menschen*, 3., erw. Aufl. Basel/Stuttgart
- Ulrich STEENBERG (1997): *Kinder kennen ihren Weg. Ein Wegweiser zur Montessori-Pädagogik*, 2. Aufl. Ulm
- Ulrich STEENBERG (Hrsg.) (2014): *Handlexikon Montessori-Pädagogik*, Ulm (erw. Neuauflage)
- Ulrich STEENBERG (2014a): *Friede und Erziehung*. In: DERS. (Hrsg.): *Handlexikon Montessori-Pädagogik*, 43–45
- Ulrich STEENBERG (2014b): *Warum? Kinder suchen nach dem Sinn*, 3. Aufl. Ulm
- Ulrich STEENBERG (2015): *Montessori-Pädagogik in der Kita*, Freiburg
- Frederic VESTER (1978): *Denken, Lernen, Vergessen*, München